National Art Museum
of China Creation and
Research Series

*Study on
Qi Baishi's Social
Life in Late Qing
Dynasty and the
Republican Period*

中国美术馆
创作与研究丛书

吴为山 主编

晚清民国时期
齐白石交游研究

高旭阳 著

知识产权出版社
全国百佳图书出版单位
——北京——

中国美术馆创作与评论指导委员会

主 任 委 员 ：吴为山

副主任委员：潘义奎　于华音　程阳阳　崔光武

委员会成员：于华音　任　哲　杨　子　杨应时

　　　　　　吴为山　邵晓峰　柳淳风　崔光武

　　　　　　韩劲松　程阳阳　裔　萼　潘义奎

　　　　　　（按姓氏笔画排序）

委员会联络员：韩金峰　徐梦可

总序

中国美术馆建馆60周年之际,习近平总书记给中国美术馆的老专家老艺术家回信,指出"中国美术馆有力见证了新中国美术事业的蓬勃发展,在典藏精品、展览展示、公共教育、对外交流等方面守正创新,取得了积极成效"。

新征程上,中国美术馆坚持以人民为中心,在高质量收藏、高水平利用、高品质服务上下功夫,坚持弘扬优秀传统文化、典藏大家艺术精品、加强国际国内交流、促进当代艺术创作、打造美术高原高峰、惠及公共文化服务。

2021年,中国美术馆成立中国美术馆创作与评论指导委员会,并特别策划推出"中国美术馆创作与研究丛书",旨在为美术创作与学术研究搭建一座长久稳固的桥梁,推动中国美术馆事业高质量发展。其中,业已出版的《中国美术馆人话馆藏》,讲述馆藏经典作品及其背后的故事,受到美术界和出版界好评,出版一年后即再版。《中国美术馆人作品集》《中国美术馆展览设计选编》等则是中国美术馆各方面创作成果的集中体现。丛书还收录馆内外专家专著多种,涉及中外美术史、美术理论、美术评论、美术馆研究等领域。

"中国美术馆创作与研究丛书"记录着中国美术馆与美术馆事业发展的足迹,将进一步加强中国美术馆同广大美术工作者、文艺评论工作者的学术交流合作,与读者分享最新的美术创作与研究感悟,建立更加密切的艺术交流和互动平台。

　　是为序。

民盟中央副主席
中国美术馆馆长　　吴为山
中国美术家协会副主席

前言

由于晚清及民国时期，社会政治、经济、人文及世界格局都经历了前所未有之变化，这种语境为相应的学术探讨提供了"变革""时代""中西""民族""身份"等多元、新颖的研究视角。这些关键词，往往不仅适用于整体的历史观，亦有助于个案研究。所谓"事不孤起，必有其邻"。大写的"人"与大写的"历史"成为无法分割的统一体，谁都无法置身事外。本书选择以"交游"为切入点，旨在深入探讨在"交游"这一看似日常和自然的人文情境中，齐白石是如何调节个人身份与家庭生计、艺术创作及时代变迁之间的冲突并进行融合的。因此，本书沿着"个人/家庭生计""传统/新式绅士"和"时代/人文环境"三者构成的逻辑，展开对齐白石交游及主体身份的考察研究。

齐白石正式学艺（尤指绘画）时间相对较晚，可以认为是在他27岁拜胡沁园为师之后。而27年的生活经历足以对一个人的人生观、价值观形成产生决定性的影响。因此，本书首先从齐白石的"自述"入手，通过话语流变和心理活动分析，重新解读他对自己早年经历的认知；尝试以齐白石作为第一视角，着重从画匠、画师及诗社"社长"等主体身份出发，探讨齐白石早年交游中的心历和游历。

齐白石于1899年拜王闿运为师之后，扩大了其结交朋友的范围。本书在第三章，探讨了齐白石与王闿运、郭葆生、夏午诒等人之间的交游。经过考察，齐白石早年这些主要好友与晚清湘军集团之间都有着千丝万缕、错综复杂的关系。

由此，第三章从湘军集团兴起和落幕分析其对晚清尤其是湖南地域绅士结构的影响，引入"后湘军时代"来指涉这种社会流动、人事变迁的影响。得出，正是由于"后湘军时代"群体在19世纪末积极和广泛的社会活动，促使齐白石对交游和身份有了新的认知。

正如章太炎所评"暴起一时，小成即堕"。在世纪之交和政权更迭的新旧更替阶段，个人或集团时刻需要面临并处理大环境和时代所带来的种种问题。本书最后一部分的视角转向中华民国成立以后。受瞬息万变的体制、军政、经济等社会环境影响，齐白石以往的交游群体成员和结构发生了明显变化。这一变化不仅自外向内、由整体到具体对齐白石产生影响，而且这种影响是不可逆的。本书认为，正是由于中华民国成立后时代发生了重大变化，包括社会体制结构、知识群体认同、知识分子职业化等，这促使齐白石"随波逐流"，建构和巩固自身文人式的画家身份，以适应新的人文环境和时代趋势。

目 录

第一章

绪论

20世纪70年代,汪世清曾把20世纪大家分为四等,在第一等序列里的前四位,分别为齐白石、黄宾虹、吴昌硕、陈师曾。在中国,相近的表述很常见,人们也习以为常。但不管是中国,还是海外,从艺术层面讨论,对齐白石成就的认可有一个共同点:创造性。而且,20世纪二三十年代的媒体中,也能看到类似的观点。那么,如何来理解齐白石艺术的这种创造性,是否认同这种创造性?这将直接影响到齐白石的形象塑造。笔者尝试从齐白石的交游中回答或反思这一问题。

第一节

研究意义

交游，是生活的一种状态。交游的对象无非是人、事。纵观齐白石一生，"交游"对齐白石来说具有不一样的意义。在他40岁的时候，好友夏午诒对齐白石讲，不管是写诗作文，还是画画刻印，都需要在游历中求得进境，尤其是画画，多游历，实地考察，才能获得其中的真谛。齐白石显然是听从了这一劝说，我们现在所熟悉的"五出五归"也正是由此开始。出与归，一直是齐白石艺术生涯的重要命题。在后来人的研究中，也往往用"出""归"或相近概念来表现齐白石的进退选择，如"三次进京""三进三出"艺专等。定居北京后，齐白石似乎结束了漂泊的人生状态。但齐白石的艺术进程依然不能缺少"交游"，特别是到了新环境——北京，而且是一个计划"终老"的地方，就更需要稳固阵脚。这需要齐白石作出不同于以往的考量和努力。

齐白石的绘画、日记、手稿、信札等，以及其他人的相关文献，保留了齐白石的大量交游历程，为我们理解和解读"齐白石"提供了丰富的材料。同时，这些材料背后蕴含着关于齐白石个人与家庭、艺术、时代等之间的潜在关系。本书尤其关注齐白石内在的心理活动、外部的人事变动，以及时代变迁等是如何对齐白石的人际交往产生影响，进而影响到齐白石的艺术发展的。以"交游"为视角，有助于我们暂且抛开齐白石艺术层面的内容而下沉到他的现实生活中，将齐白石还原到历史情境中，深入分析齐白石个人与家庭、师友、时代及社会发展之间的关系,从而使我们获得更加广阔的视野,如早期齐白石的交游如何受到家庭生计的限制,清末湘军如何间接对齐白石的交游产生影响,等等。了解交游背后的社会学、心理学和伦理学有助于我们更加接近一个"真实"的齐白石主体形象。

第二节
国内外研究现状评述

  齐白石的成功或成名,得益于他有大量的艺术作品问世并流传。这些作品,不仅包括绘画、篆刻、诗词及早期艺术活动流传下来的木雕,还包括其艺术生涯积累下来的创作稿本、手札等丰富的文献资料等。可以说,这些可见的物质,对当代研究者产生了极大的吸引力。透过这些材料,以齐白石为中心,我们总希望能够构建出20世纪中国美术的发展历程。这样的工作在21世纪初被提上日程。如今,不管是齐白石本人,抑或他的作品,甚至与他产生过或多或少关系的人、事,都在研究者的"放大镜"下发生了"巨变"。"巨变"的现象之一是:"镜头"下的一切都是有益的。这里的"有益",指的是既对齐白石研究有益,也对梳理近现代以来的中国美术发展有益。尤其是,我们似乎正以齐白石及其作品为线索,尝试建构起一套新的、关于20世纪的绘画传统和思想观念。

  关于齐白石的研究,大概经历了四个阶段。第一个阶段是齐白石的生前。此阶段的文献相对零散,没有形成一个系统的,有组织、有规模的研究,其主要以时人评说、报刊登载为主。其间,出版的齐白石画册、印谱和诗草是对齐白石研究和传播的另一种补充。第二阶段为20世纪50年代末至70年代末,集中在50年代末。在齐白石逝世数月后,由官方相关部门组织过一次展览会,并有讨论文集出版,相对集中地呈现了当时人们对齐白石及其作品的主流态度和观点。第三阶段为1980年至2010年。在这30年中,除了专著出版,国内学术期刊发表相关研究至少有390篇。[1]具有代表性的成果包括:1996年10月出版的10卷本《齐白石全集》,汇聚了60多家博物馆、美术馆、院校等机构藏品;2005年北京画院美术馆成立,开始将馆藏的齐白石作品、文献等陆续筹划展出、出版。第四阶段为2010年至今。齐白石研究视野和范围开始由国内扩展至国际。此间,在"中国知网"网站可检索的学术期刊文章超过1700篇;2010年北京画院组织召开了"齐白石国际研讨会",并结集出版相关论文集一套(2册);2012年成立"齐白石艺术国际中心";2013年,在齐白石诞辰150周年之际,北京画院开始以年刊形式出版发行《齐白石研究》,至2022年已出版10辑,主要关注齐白石生平、交游的考证,对作品风格和美学分析,以及对各大博物馆馆藏齐白石作品的相关研究,可以说,汇集了齐白石的最新研究成果。

一、以书传人——关于齐白石的作品研究

齐白石在诗、书、画、印方面各有所长,亦各有成果,丰富且为后人所重。因此,齐白石以作品传人是无可置疑的。在从事木匠手艺期间,他之所以能够为时人重视,也是因为他的作品与众不同,创前所未有之面貌。这样的创造性和突破性一直伴随他的艺术生涯;或许也正是因为这样,在"书"与"人"之间产生了不协调,导致多种认识上的"误解"。如郎绍君在《传播与误读——以齐白石为例》中就提及海兹拉尔、克罗多等海外人士对齐白石作品的解读,逻辑上给齐白石贴上了"表现主义""现代主义"的标签。可以肯定的是,他们对齐白石这个"人"与其作品的认识和理解之间是存在差异的。但不管是传播还是误读,也只是认知上的一种"时态"[2],历史或者说学术研究恰恰需要穿越不同"时态"去洞见、审视历史的真实——假如存在的话。

我们一般认为,得益于陈师曾的推举,齐白石的作品最先为日本收藏界和部分媒体推崇。此风声传到国内之后,评论界、收藏界开始关注齐白石及其作品。

齐白石在世时，尤其是20世纪二三十年代，时人对他作品的评价、齐白石自己的相关记载及同期的文献记录可以给我们一些提示。除了参加展览、与友人互交翰墨、友人代为销售或在琉璃厂挂单等，到了20年代末，齐白石的作品也开始以出版的形式面世。据吕晓介绍，在新中国成立前，齐白石一共有四次画集出版经历，分别是1928年1次、1932年2次，以及没有出版信息的1次。第一次由胡佩衡张罗印制，第二次是徐悲鸿，第三次是王雪涛、张万里代印，最后一次很可能是齐白石自印的画册。³杭春晓在《胡佩衡编〈齐白石画册初集〉题解》一文中说，"20世纪20年代，白石老人在北京尚未享名时，胡氏便与之交往甚密，并助力于他"。《齐白石画册初集》可看作是两人友谊的象征。但是，表面上看，是胡佩衡、徐悲鸿等人对齐白石艺术的传播，却并没有其他凭证能说明是由谁主动提出画册出版的。从齐白石的几次自印画册行为来看，很可能是齐白石主动提出印制画册事宜，而胡佩衡、徐悲鸿二人尽心尽力，这着实表现了他们与齐白石之间的深厚友谊。虽然民国时期出版业相对繁盛，但对艺术家而言，出版画集不是一件简单的事。因此，不管是代印人，还是艺术家本人，对此定会尤为重视。从胡佩衡和徐悲鸿在齐白石画集上所撰写的序及画册推销广告词，提及了可以看出两人对齐白石的推崇。关于他们所表述的话语内容，有几处相似点值得玩味：一是都提到了石涛，二是说明了齐白石艺术的创造性，三是提及了齐白石与国际的关系。三者都是对齐白石艺术的评价，第一点侧重齐白石的"师承"，师出有名，追溯有源；第二点针对他的艺术价值，突破传统，保有个性；最后一点佐证国际对齐白石的认可。胡和徐算是齐白石的知心知己，对齐白石及其作品的了解肯定要超过一般外人，那么他们的评语是否能代表时人的最高或最中肯的评价？或者，他们的认知视角，是否具备普遍性，即历史的、当下的与国际的？这是值得深思的。正如杭春晓所说："齐白石早期生涯中给予他认可与肯定的寥寥数人，都是'神话'的塑造者与参与者。"⁴倘若如此，他们的立场或判断将直接影响到后人对齐白石的认知。

据郁风回忆，20世纪50年代，"并非所有的人都欣赏齐白石的画，报纸杂志不断收到工人和青年读者的来信，质问为何要发表这些无非是花鸟虫鱼的画，那有什么好？"[5]为此，郁风还专门写了一些介绍和谈体会的文章。王森然40年代的回忆文章，也是从一个历史的参与者角度对齐白石的为人、绘画、篆刻作了一些交代。[6]在王森然看来，齐白石作风耿直、为人谦虚、治学严谨、思想高尚，在艺术上有自己的风格。在王森然另一篇关于吴昌硕的评传中，则把齐白石的很多艺术成就归功于吴。[7]王森然基本照搬了胡佩衡为《齐白石画集》作序的内容，并冠以"吴昌硕"之名，实在匪夷所思；既然作者认可了吴昌硕之名，又何必将齐白石镶嵌其中？这点足以说明，在作者的意识中，齐白石的艺术成就已经非比寻常，足以给人留下"名师出高徒"的印象。而且，在王森然的文章中，已经频繁出现具有时代性的话语，如"民族文化""劳动""人民生活""历史必然"等。在此种时代思潮的笼罩下，很可能不利于对齐白石及其作品进行更加广泛和深入的解读。

1957年9月，齐白石逝世。正所谓盖棺论定，齐白石被称为"中国伟大的画家""全世界爱好和平人士们最敬仰的伟大的画家""一生为中国人民服务""为提高中国的文化服务"。为纪念齐白石，由当时的中华人民共和国文化部和中国美术家协会共同主办的"齐白石遗作展览会"在北京举行，从1958年元旦开始持续20日。在这次展览上，同时还展出了黄宾虹和徐悲鸿的部分作品。第二年《齐白石研究》一书出版。可以说，这是关于齐白石研究的第一本专门著作；这本论文合集，代表了当时的主流话语。该书收集了蔡若虹、李可染、王朝闻、于非闇、傅抱石等23人的27篇文章，涉及齐白石传略、作品欣赏、评介和生活轶事。[8]于非闇认为，齐白石的绘画有两条发展路线：一是古代的"双钩"方法，二是古代的"没骨"方法。傅抱石也在文章中探讨了齐白石艺术（主要是绘画与篆刻）的传统价值。不同的是，他把齐白石与"四王""后四王""小四王"等保持距离，甚至撇清关系，转而贴近富有创造性的徐渭、朱耷、石涛、吴昌硕等人。这很容易给我们以暗示，即作者似乎有意从齐白石这条线索重新挖掘、重新定义我们所谓的"传统"，这与胡佩衡、徐悲鸿等人的落脚点多有相似之处。不同的是，傅抱石等人还着眼于现在和未来，认为齐白石及其作品对当下社会有教育意义。正如王朝闻在文章中所言："齐白石一方面继承了前人所主张的艺术造型要在有笔墨处和无笔墨处求法度求神理的优良传统，同时也珍视自己对于现实的独到的感受和体验，以及由这些感受和体验所形成的新颖的出众的意境。"[9]"那些即令在笔墨上还有不足之处，却具备了堪称艺术的决定性因素的齐白石的作品，在笔墨上所取得的这些崭新的成就，可以说也就是在艺术实践上为中国画笔墨的优越性作了正当的解释。"[10]把齐白石的作品置于中国传统文化的维度中加以考量、阐释和宣传，成为新中国成立后齐白石研究的一个主流。但是，围绕"齐白石"这一关键词的"传统"，已与之前的传统拉开了距离。

与齐白石关系密切的胡佩衡，很早就开始关注齐白石作品的"衰年变法"。在他看来，十年的变法是在陈师曾的引导下开始和实施的。齐白石结合当时画坛的审美意趣进行自我反省，经过"十年"的潜心研究，最终突破前期的学习、临摹痕迹，少去了雪个的冷逸风，创造出自己的笔墨趣味。对于"衰年变法"，胡佩衡强调齐白石的创造精神和实践行为。在"变法"的时间上，胡佩衡相对笼统地说成1917年至1927年，也就是陈师曾与齐白石相识之后的十年。在郎绍君、林木等人那里，齐白石的"衰年变法"是一个极为严谨的学术问题。[11]两人都认为"变法"的起始时间是1919年。不同的是，郎绍君认可了"十年"这一说法，林木却认为齐白石所说的"十载""不过一约数而已"。张涛在新的研究文章《草衣浊世几人知——齐白石、陈师曾交谊新考》中将此时间更进一步提前。在对待"变法"的美学、创作等问题上，郎绍君以作品为序列，通过对不同绘画题材的分析，呈现出齐白石"变法"落实在作品中的美学动态。就山水画而言，他认为，齐白石在变法后完全摆脱了临摹、仿作之气，风格独立、统一，用色极具个性，笔墨更显老辣等。齐白石的人物画也发生相应的"变异升华"。林木则将齐白石的"变法"置于民间和精英文化之间，突出"变法"的历史价值和时代价值。他认为，"齐白石的'衰年变法',就是以笔墨色水诸因素的高度修炼去克服单纯的形似因素的追求,是一个有着巨大潜力的天才,时代美术之代表,从粗糙的民间形态向文人精英艺术的有节制、有选择的转折性演变"。而且,他把齐白石的成功归结于变法的成功。[12]韦昊昱对齐白石"衰年变法"的解读视角较为特别,他试图揭示"变法"前后齐白石个人心境的变化,考察齐白石在此之前和之后的身份定位、心迹变化等。[13]

自20世纪50年代末至今,关于齐白石的作品研究成果已经非常可观。一方面,相关研究更加细微、精致,从"衰年变法"研究可见一斑。另一方面,基础性课题研究工作不断完善。如关于齐白石的各类文献资料收集、整理已经陆续或结集出版问世,或向公众开放展示,郎绍君、郭天民等主编出版的《齐白石全集》较具代表性。尤其是2013年以来,随着齐白石研究的深入,国内外馆藏作品有了一次统计、整合和研究的契机,故宫博物院、首都博物馆、北京画院、中央美术学院美术馆、徐悲鸿纪念馆、沈阳故宫博物院、鲁迅美术学院、上海博物馆、广州艺术博物馆、天津博物馆、辽宁省博物馆、重庆中国三峡博物馆、四川博物馆、成都博物馆、四川国有文博机构、海南省博物馆,以及捷克、日本等公私收藏的齐白石作品都得到整理,大大推动了齐白石相关课题的持续研究。

二、同情之理解——关于齐白石的交游研究

据2004年出版的《齐白石辞典》统计,齐白石一生中有弟子58人,外国友人22人,师友及其他交游对象177人。而实际上,人数还要更多。可以肯定的是,以上统计在目的人,都与齐白石有过明确甚至频繁的交往,在齐白石艺术生涯中,占有重要的地位。关于交游考,主要分为三个方面:

一是齐白石与个人之间的交往。个人交往需要相对连贯、频繁的交往及记录,以此形成有序的、可见的交往脉络。因此,齐白石与个人之间的交往研究,较集中于与齐白石关系非同一般的人身上，如陈师曾、张道藩、徐悲鸿、张次溪、胡佩衡等。

二是齐白石与多人之间的交往。不管是在湖南还是在北京，齐白石偶尔也会加入一些社会团体、组织中，但并不是常态。这些集体性的活动可以为齐白石提供一个接触某一类人的机会，增加他的认识面和交往面。如，刚到北京时他参加了丁香会，第一次较有规模地接触到北京重要的社会名流、画家等，为其以后人际发展、艺术发展做了铺垫。同时，齐白石接受友人邀请，担任院校教员一职，也可看作齐白石由个人走入群体的一种主动信号。

三是齐白石以地域为特征的交往现象，如齐白石与四川籍人士、湖南籍人士之间的交往，是他交游活动中的重要组成部分。这方面，我们还可以以国内的天津、上海、南京等城市，以及日本等作为地域划分来开展更加广泛的研究。

具体而论，韦昊昱、刘振宇等人对齐白石1936年出游四川产生了浓厚的学术兴趣。1936年入蜀，是齐白石自1917年定居北京以来最重要的一次远游。当时，齐白石的名声已经在中国画界传开，得到了一定的社会认可。正如四川本地《新新新闻》所报道："名画家名诗人来川游历，齐白石陈石遗昨抵省"，媒体用此为标题，可见对齐白石的欢迎程度。综合来看，齐白石此次入蜀，不仅受关注度高，而且留存的相关文献也较为丰富，为后人开展研究提供了很好的条件。韦昊昱基于近几年北京画院编辑出版的关于齐白石的图书，以及举办的学术展览、研讨活动等资料，并结合其他史料文献，研究齐白石与四川文人的关系；从齐白石继室胡宝珠、友人胡鄂公、王瓒绪等重要人物入手，梳理出齐白石入蜀的起因、过程、前后状况，并对部分历史疑点进行了分析。由个人关系到地域关系，再到时代和文化关系，韦昊昱的研究呈现了一个由小见大、由微至广的学术视野。刘振宇、张玉丹等人，则以成都博物馆、四川博物馆藏品为依托，着力研究了齐白石与余中英、王瓒绪等人的前后交往，考辨了齐白石与他们交往的时间、方式和过程。与韦昊昱从齐白石手札、诗草、地域史料解读出发不同，刘振宇等人关注馆藏齐白石作品的题跋、落款、钤印等画面信息，并对此进行了细致分析和考证。考辨出余中英与齐白石早在1921年已有交集,最迟在1931年冬,两人便有了翰墨往来,纠正了之前四川书画界的"1932年"之说。在《四川博物馆藏齐白石作品初探——兼论1936年的齐白石与王瓒绪》一文中,张玉丹、刘振宇从王瓒绪资料入手,分析了王瓒绪在文学修养、艺术品位、收藏等方面情况,得出"王瓒绪并非粗劣武夫"的结论。他们认为,王、齐二人关系的破裂源于误会,真正的原因要从1936年成都文化氛围和艺术家齐白石的个性来考虑。说到底,他们认为关系破裂是因齐白石误会而单方面造成的,不是因为两人之间发生了直接的对立矛盾。同时,齐白石始终对王未能承诺其3000元资费耿耿于怀。即便其他交往事宜存在含糊不清的可能,但笔者认为,在性格和为人处世等方面,齐白石是一位内心非常单纯的艺术家。他在与他人交往过程中,往往表现得非常直接,往往只有别人占了齐白石的便宜,而齐白石却不会对他人要点心机,捏造事实更不太可能。所以,笔者认为,资费一事并非齐白石的一厢情愿,很可能事前确有谈及,但最终未能实现。因此,也不能忽略齐白石的真实感受,而单为王瓒绪"说情"。再说,齐白石也将此事告知了姚石倩。作为王瓒绪的幕僚,作为王和齐之间的纽带,姚石倩理应调和两人的关系,而不是任由两人关系继续变僵。齐白石对王瓒绪的负面印象一直持续到1946年。也就是说,这个"误会"一直没能解开。个中缘由还需要进一步探讨。

在北京期间,齐白石还与另外一个城市产生多次交集,那就是天津。据陈晨文章陈述,齐白石至少三次到访或者经过天津,多则寄居十天。此内容,因行文较短,并没有展开论述。[14]因此,齐白石与天津的关联等还有待深挖。在文章中,陈晨还提到了严智开、徐世昌和胡鄂公三人,并对他们与齐白石的交往过程略作交代,但对交往的来龙去脉没有详述、深究。关于齐白石与胡鄂公的交往,韦昊昱在文中也有所涉及,同样只作了简单评述,主要提到胡鄂公曾经力劝齐白石继续留在北京一事。这件事发生在齐白石"第三次进京"之后的1919年。似乎,齐白石听从了胡鄂公的建议。胡鄂公与齐白石的交往,的确能够勾连起齐白石与天津的关系。另外,齐白石与天津籍或者流寓天津的社会名人有过交往的,还有赵元礼、王绍尊、李智超、王森然、许麟庐、勒石庵、吴瑞臻、新凤霞等人,这些还有待进一步研究。

华天雪至少有三篇文章重点讨论了齐白石与徐悲鸿之间的交往,其中两篇是《齐白石的知己:徐悲鸿》[15]《知己有恩:关于徐悲鸿纪念馆的齐白石作品收藏》[16],另一篇《江南倾胆独徐君——再议齐白石、徐悲鸿之交》[17]则为其最新研究成果。在《齐白石的知己》一文中,华天雪从徐悲鸿邀请齐白石到北平大学艺术学院任教开始,讨论了徐悲鸿"三顾茅庐"的历史记载,以此展开徐与齐后来的人生交往,包括齐在生活上对徐的依赖,徐在艺术上对齐的推崇。她认为,齐白石与徐悲鸿是人际关系和艺术追求上的双重知己。在人际与艺术上,齐与徐跨越"年龄、身份、性格、知识背景、处事方式"等方面的差异,保持了将近30年的友谊。华天雪认为,齐白石同时受到林风眠和徐悲鸿的"三次"或"多次"邀请,属于事实,回应了林木关于徐悲鸿三请齐白石没有记载的说法。在《知己有恩》一文中,华天雪借徐悲鸿纪念馆收藏的齐白石作品以表征徐对齐的艺术推介。此文中心思想与前文相似,总的观点是徐对齐的帮助大于齐对徐的帮助,或者说,徐与齐之间的友谊是单向的,即徐是付出方,而齐为收受者,"对于徐悲鸿,他(齐白石)有这样的'报恩'情感"。通过齐白石的一些题跋,也可以发现齐对徐的艺术和为人确实也是非常称赞的。毫无疑问,徐悲鸿对20世纪30年代之后齐白石的帮助有目共睹。他们两人的人际交往、艺术交流等,更让我们认识到愈到晚年,齐白石的人生观、艺术观发生的变化愈微妙。

关于齐白石与徐悲鸿的交游研究,张涛在《画家生活与教授生涯——齐白石与国立北平艺专过往考略》(2013年)一文也作了相关推进。[18]张涛利用中央美术学院馆藏的一些徐悲鸿、齐白石信札及相关教员文献资料,考察了20世纪二三十年代的物价,将齐白石生活的一面与任职的一面结合起来。他认为,齐白石就任教员、"三进三出"的行为,说明了时代环境、现实生活对齐白石的影响。但其中，也显现出作为一名画家的齐白石，在人际关系、生活理想、艺术创作之间的多重困境。考察齐白石与艺专的关系，或者说他所参与的艺术类院校中的种种活动——哪怕是在教学过程中遇到的各种不悦状况，教员身份似乎也已经成为齐白石生活中尤为突出的一面。至少说，对于任教一事，齐白石不必有身份上的顾虑。相反，在艺术院校任职的过程，恰恰促进了齐白石对画家身份的认同。

李松在《知己有恩——齐白石诗画中的师友情》中，纵向梳理了包括徐悲鸿在内的几位重要师友与齐白石一生的往来，他们之中还有胡沁园、陈少蕃、王闿运、陈师曾。[19]这些人，在齐白石的不同人生阶段出现，对齐白石的一生产生了至关重要的影响。其中，讨论最多、最受后人关注的是陈师曾与徐悲鸿二人。齐白石也曾说过，除了陈师曾就属徐悲鸿最为知己。李松一文对齐白石最重要的"朋友圈"作了梳理和阐述，但却避开了一些存在争论的内容。相比而言，林木的文章指向更加明确。他于2016年发表的《齐白石1927—1928年艺专任教考——对众说纷纭乱象的梳理》[20]一文，很可能是对华天雪一文部分观点的回应。在此文中，林木坚持己见，认为1927年林风眠邀请齐白石到艺专任教的史实无可置疑，而且在徐悲鸿就任艺专（时为艺术学院）院长的时候，齐白石已经名列教席。因此，徐悲鸿邀请齐白石至多勉强称为"续聘或再聘"；并且认为，徐悲鸿的"三次邀请"之说有照搬林风眠邀请齐白石一事之嫌。林木关于林风眠与徐悲鸿邀请齐白石任教一事发表了多篇文章，其他论述可见《齐白石是谁提携并邀请在大学任教的》（1999年）、《20世纪中国画研究》（2000年，后文将专节论述）等。

除了进行直接交往，还有一些以信札、作品与齐白石进行"神交"的人。其中，一部分人与齐白石是纯粹的买卖关系，即作品流动层面的交集，而没有在思想、情感方面有所交流，他们的姓名以题跋的形式附着在画面上。有的人信息或许更多一些，但相比而言也极其有限，在现实研究中，较少被关注。另一部分人，与齐白石保持一定程度的交往，彼此之间会有所回响，如与胡适、王一亭、吴昌硕等人。

依上可见，关于齐白石的交游研究呈现了两个特征，一是以人带出事或物，二是以事或物引出人。这两者往往也是相互交织、互相照应的,这也是为什么齐白石的交游呈现如此复杂、多面的原因。当然,上文所涉及学者关于齐白石交往的研究主要集中在1917年到1937年,地点也是以北京为中心,或辐射南方的四川、上海,以及就近的天津等城市。此时此地,齐白石的艺术生涯最为活跃,体现为以下两点:一是生活上结束了之前长途、长期的"寄萍"状态,改善了生活上的困境,作品得到了部分师友的认可,打开了一定的销画渠道,而且也重新建立了家庭,身心得到暂时寄托。二是艺术活动领域逐渐开阔,艺术探索渐显成效,人际交往日益频繁,参加艺术活动相对积极。因此,人与事是研究齐白石交游的重要支点和内容。

总体上,一方面,关于齐白石的交游研究,现在还处于"专项"研究阶段,大部分研究着眼于解决局部问题,如齐白石在四川、天津、上海、广州等地的活动,或齐白石与吴昌硕、徐悲鸿、陈师曾等人的交往。北京画院于2020年组织了一次关于齐白石交游的专题研究会,第一阶段的研究成果集结发表在《齐白石师友六记》一书中。另一方面,齐白石作为一个个体,是整体而非分裂的,即便存有"矛盾"之处,他为自己设定的形象必定是统一的。也就是说,不管是作为画家的齐白石,还是作为诗人、篆刻家的齐白石,他都有自己的人生定位和艺术理想。正如王方宇、许芥昱所言,齐白石"最重要的一点,就是他自己在感应上知道在艺术上他所追求的是什么。所以,不顾别人的笑骂,要我行我素"[21]。而正是这种无形的"感应",或引他远游、交际,或引他创作、变法。因此,最真实的齐白石,不在别处,他随"身"携带,随行随言,这就是一个"现在时"的齐白石。

三、其他

港澳台及其他国家关于齐白石的研究也非常重要。近水楼台先得月,中国大陆在齐白石研究这方面可利用材料最为丰富、全面。相对而言,中国的港澳台地区,以及日本、捷克等国家在齐白石研究方面要弱一些,但学术贡献不可忽略。而且,在研究方法上和视角上,也稍有不同。

　　齐白石的艺术生涯,首先在海外建立关系的是日本。日本国内最早开始大规模收藏他的作品。当然,齐白石不是日本人唯一青睐的中国画家。因文化、地域关系,中日之间的文化、艺术具有天然黏合性。晚清至民国以来,不管是官方还是民间人士,在中日来往交流中都扮演着重要角色。20世纪30年代,齐白石还收日本人野口勇为弟子,教授其绘画数月。大村西崖、须磨等艺术家、收藏家也与齐白石保持有良好的关系。特别是须磨、铃木一雄、今关天彭等人的回忆、笔记,对从另一个角度看齐白石具有重要意义。另外,关于齐白石与日本的其他史料和研究,可参见梁庄爱伦的《20世纪中国画家作品出版物索引》(1984年首次出版)一书,以及洪再新《"中国画"的至宝——齐白石研究外文文献叙要》(2011年)一文,后者通过正文和附录形式,梳理出日本、韩国、新加坡、法国、意大利、捷克、德国等国出版的齐白石文献。2010年之后,在齐白石研究方面,国内外交流日渐频繁,广泛而深入,一些研究成果可以通过研讨会、出版物等形式得到及时呈现。

　　另外,我国的香港、澳门、台湾作为中国文化向世界传播的重要窗口,齐白石研究交流也成为其中重要一项。港澳台出版物,以画集为主,专著较少。据笔者初步统计,在香港出版的齐白石画集有:1986年卓以玉著、三联书店香港分店出版的《中国美学与齐白石》,1994年王大山主编、香港荣宝斋出版的《齐白石画海外藏珍》等。在澳门出版的画集有:1998年由澳门大学、澳门中华文化艺术协会主编的《白石墨韵·齐白石书画篆刻集》等。在台湾,1975年由河洛图书出版社出版《齐白石诗画文篆刻集》,1979年由王方宇、许芥昱合著出版《看齐白石画》,1979年由马璧编著、新文丰出版公司出版《齐白石父子轶事·书画》,1982年出版《齐白石画集》,1991年由台湾艺术图书公司印行《齐白石彩色精选》,1995年出版《齐白石画集》,1997年由张寿平编著出版《齐白石篆刻自藏印海外遗珠》等。

其中,《齐白石学术研究会论文集》较有代表性,该书收集了我国台湾地区学者李郁周、姜一涵、游国庆、罗青、陈重亨等五人论文,及大陆学者王志坚、陈瑞林、梅墨生、李蒲星、陈小奇等五人文章,内容涉及书法、绘画、交游及美学等领域的研究。王方宇、许芥昱合著的《看齐白石画》,图文并茂。作为图片的阐释,该画集中的文字带有一定的研究性质,围绕作品信息展开评述,具有很强的可读性;并且对"不倒翁""读书"等主题性较突出的作品,进行类比分析,拓展了齐白石研究场域。

综上所述,关于齐白石的研究,内容不可谓不丰富、规模不可谓不大。纵向来看,研究越来越"规范、有序",由20世纪五六十年代的广泛研究,到80年代以及新世纪的主题性、专题性研究,显现出齐白石研究现状的饱满、充足。横向来看,国内外齐白石研究资源(包括人才资源、实物资源及其他影像资源)和成果趋向整合、互鉴,共同推动齐白石的当代研究。

注释:

1 北京画院编,《齐白石研究(第一辑)》附录《新中国成立以来国内学术期刊发表的齐白石论文目录》,广西美术出版社,2013年9月版。

2 杭春晓《历史叙事中"三重时态"》,《美术观察》2021年第9期,第15页。

3 吕晓《民国时期出版的四本齐白石画册研究》,载于北京画院编《齐白石研究》(第四辑),广西美术出版社2019年10月版,第12页。

4 杭春晓《历史叙事中"三重时态"》。

5 黄苗子、郁风著,《陌上花》,江苏文艺出版社,1995年6月版。

6 王森然《齐白石先生评传》(上),《中国公论》1940年第2卷第6期,第80-85页。

7 王森然著,《近代二十家评传》,书目文献出版社,1987年1月版,第13-26页。

8 力群编,《齐白石研究》,人民美术出版社,1959年4月版。

9 王朝闻著,《王朝闻文化论集》(第三集),上海文艺出版社,1980年1月版,第245页。

10 《王朝闻文化论集》(第三集),第246页。

11 林木《齐白石衰年变法研究》,载于王明明主编《齐白石国际研讨会论文集》(上),文化艺术出版社,2010年10月版,第168-177页。

12 林木《齐白石衰年变法研究》。

13 北京画院编,《齐白石研究》(第五辑),广西
美术出版社,2017年9月版,第55页。

14 陈晨《天津博物馆藏齐白石作品初探——兼
论齐白石与天津渊源》,载于北京画院《齐
白石研究》(第二辑),广西美术出版社,2014
年10月版,第238页。

15 《美术》2016年第3期,第118页。

16 北京画院编,《齐白石研究》(第六辑),广西

美术出版社,2018年9月版,第224页。

17 北京画院编,《齐白石师友六记》,广西师范
大学出版社,2020年11月版,第261页。

18 《美术研究》,2013年第3期,第65页。

19 《美术》,2010年第12期,第97页。

20 北京画院编,《齐白石研究》(第四辑),广西
美术出版社,2016年10月版,第1页。

21 王方宇、许芥昱著,《看齐白石画》,艺术图书
公司,1979年5月版。

第二章

齐白石『自述』中的自我认知

齐白石"自述"形成于20世纪30年代,它虽不如日记那么准确和实时,但它却是记忆的历史沉淀,能从侧面反映出一些事件的重要性和特殊性。鉴于此,本章首先从齐白石的自述入手,分析早年齐白石自我描述的形象。发现由于出身贫困,如何维持家庭生活成为齐白石早年面临的重要问题。他早期的学习、劳作及后来的职业选择都显得"不由自主",要么听从父母,要么谨慎行事。在他家庭刚立、职业初定、事业未成的阶段,齐白石对自身的界定和认知也还不成熟、不稳定,极易受到外界的影响,心理活动异常活跃。因此,本章着重从齐白石早期(主要是活动于湘潭县城内的阶段)的人生轨迹,尤其是他对家庭的关切、同周围人的交际,分析他对于生活、职业、身份和人生的思考,以及他是如何使这些问题在交游中得到反复确认的。我们会发现,齐白石自述中关于其早年交游的很多细节并非微不足道,而是能从另外一方面加固齐白石自我形象的构建,如他对"画匠"身份的理解,对"龙山社长"身份的慎重使用等,在不断坚持又反复妥协中,显示出一个"原初的"和自我想象的"齐白石"形象。

第一节

士、官、农——齐白石的自我想象

中国古代对士的社会定位和价值归属是与科举制度的逐渐形成和确立一致的。余英时就说，"'士大夫'作为一广泛的社会称号始于两汉之际，恰好与科举（广义的）制度的成立相先后，这绝不是偶然的。所以从社会结构与功能方面看，从汉到清两千年间，'士'在文化与政治方面所占据的中心位置是和科举制度分不开的"。[1] 晚清以来，"士"文化已经深入中国社会的各个层面，即便对于一些因为种种原因而无法入仕途的人来说，士的这种文化价值及它的话语权也是具有很强社会主导作用。可以确定的是，这种现象在中国古代是普遍存在的。一方面，只有少部分学子能够顺利通过科举考核并获得功名，那些无法拥有完整私塾学习经历的人和考试落选的人，数量难以估算。但某一地区，或某一时期，又往往存在不同的情况。

从林增平的研究中我们可以得知，"1840年鸦片战争之前的漫长的古代，在湖南没有出现过几桩影响全国的大事；属于湖南籍的名人，寥若晨星"。[2] 而情况发生转变是进入近代之后。具体来说，近代湖南人才的大规模走上历史舞台，要追溯到太平天国运动时期，曾国藩等筹组湘军，一大批有识之士加入这类社会团体中，包括齐白石的老师、晚清经学大家王闿运。王闿运是一位典型的中国文人，既是中国封建社会晚期典型形象，也有他的个性。他没有像一般士大夫一样进入国家权力的中心，但对其身份价值的认可，不仅来自精英阶层，还包括大部分的社会中下层群体。也就是说，王闿运经过了中国传统科举考试的选拔，符合一定的条件，满足一定的要求，他自然进入了这一历史悠久、牢固可靠的士人体系中。事实上，王闿运曾经做过曾国藩的幕僚，后来又在彭玉麟的劝说下接手船山书院。所以，作为一代名士的王闿运，在学识、人品和处事法则上，都称得上一位合格的传统文人。他没有参与到上层社会的权力争夺中，转而在湖南本地授业传道，对当地来说，无疑是一大利好。历代的都城，集文化、政治、经济于一体，是全国优秀人才的集中地，尤其在政治方面，更是独一无二，无出其右。因此，当一些人无法就近都城这样的核心圈的时候，他们必然要寻找、依附那些从这些核心圈游离出来或与之有密切关联的人。从这个角度来说，王闿运应该是游离于核心圈的；但是，鉴于他深厚的学养，一旦他居于或活动于一定的地域或社交圈，他自身可以形成一个独立的文人场域。如同宇宙中的各种星系，王闿运则类似其中一个"系"，以他为中心形成一个文人场域。因王闿运游离于权力的核心圈，所以，他作为一个移动的"次核心体"的作用在湖南本地得到确立和巩固。无疑，王闿运的主动或被动的游离状态，以及他强大的文化"重量"，足以像太阳一样对地球这样的行星产生足够大的吸引力。

但是，即便这种吸引力可能会对很多人产生影响，但在不同人身上力的大小也是有区别的。对齐白石而言，这种吸引力要比一般人都显得更强大。这里，"力"不是由质量决定的，而是由能量决定的。也就是说，能量的差异性越大，两者之间的吸引力也就越大。在此，我们把传统文人素养的高低比为能量的盈亏。王闿运无疑属于高能量者，而低能量者的匮乏程度则在不同的人身上有不同的表现。齐白石的匮乏程度显然比别人低。

根据相关调查研究[3]齐白石祖上"世代务农"[4]，至少到他高祖父时仍然如此。时隔三代，到了齐白石父亲这一代，在近百年的发展中，齐白石家族的境况并没有得到改善。齐白石在他的自述中说："我的祖宗，一直到我曾祖命三爷，都是务农为业的庄稼汉。在那个年月，穷人是没有出头日子的，庄稼汉世世代代是个庄稼汉,穷也就一直穷下去啦。"⁵齐白石的自述,多少带有一些偏见和无奈。自其祖父齐万秉开始,才"略识文字"。⁶同时,其外祖父周雨若家离齐白石家不远,周雨若为当地的一位私塾老师。因为这层关系,齐白石在幼时有机会得到一定的教育。

但就像很多半途辍学的人一样,齐白石也因为家庭生活、生存的现实问题不得不放弃私塾学习;即便拥有了难得的"免费"学习机会,且能在学业上得到更多关照,但还是无法改变整个家庭的利益分配的结果。这种个人学业与家庭生存之间的利益分配,很可能是导致像齐白石一样处境的人不得已做出个人服从集体决定的主要原因。当齐白石在其外祖父私塾读了近一年的书,并稍有状态和起色的时候,却因家境困难,学业难以为继,不得不放弃私塾生活,加入家庭的集体劳作中,为父母分担农田和家中劳务。虽然现在看来,齐白石当时也并不一定有通过学业来改变家境的想法。一方面,齐白石那时年岁还小,没有显示出强烈的求知欲;另一方面,齐白石的父母,甚至是可以想象到的祖上,都没有出现通过学习跻身大富大贵阶层的人物。齐白石那句话说得很透彻、很决绝:庄稼汉世世代代是个庄稼汉,穷也就一直穷下去啦。齐白石不仅把庄稼汉与穷等同起来,而且把穷当作了庄稼汉的结果。这当然是齐白石的后话。齐白石或在其家庭还很穷时,更准确地说,是当其家庭整体上尚且没有看到一丝转机的时候,他们对"穷"的认知只有多少之分,而没有性质上的不同。但是,齐白石的自述中充满了对"穷""务农"等属性的阐释,显示了那个时期齐白石所面临和急需解决的问题。这个问题急迫到需要省却一切中间环节,他们希望以最短的时间、最直接的手段解决。所以我们看到,齐白石早年所做的事情,往往都与生计密切相关,如去田地里刨来芋头,用牛粪煨着吃,或如其所言"我那时,不是一个光会吃饭不会做事的闲汉了,但最喜欢做的,却是砍柴"⁷,11岁那年,他祖父让他"每天上山,一边牧牛,一边砍柴,顺便捡点粪"⁸,诸如此类。

一代人有一代人的记忆,却并不是每个人的记忆都能得到有效保留。齐白石的童年，并不比别人特殊，至少在他正式迈入学画阶段之前，齐白石的早年生活是19世纪后期中国社会农村的写照。从齐白石的自述中，我们发现，关于家庭的生活困境——虽然在当时并没有出现极为强烈的对比，在齐白石的数代前人那里也显得相对平和，但在齐白石之后，关于"穷"的社会属性问题开始凸显，成为他记忆中反复阐释的对象。齐白石的自述中清晰地记载了关于这方面的儿时记忆，这是他用来标榜祖辈的少有的描述。当齐白石6岁的时候，离他家所在白石铺不远的黄茅堆子驿站，来了一位新上任的巡检，排场尤其壮观，同村的人，包括齐白石的一些邻里亲戚都跑出去看热闹，而齐白石拒绝了他母亲的劝说，说道："我们凭着一双手吃饭，官不官有什么了不起。"[9]这很难想象是出自一个6岁孩子之口。即便原话不是如此，也说明了齐白石当时的心理活动，那就是笃定了要凭借自己的双手劳作养家糊口。这样的立场表述，与其说是其童年的一段回忆，不如说是他在表明自己后来人生的格调。这里，齐白石通过儿时的故事，为自己"当下"的处事倾向找到了合法性和一致性。

齐白石与官方之间的这一裂痕，是否果真从6岁开始出现，不好深究。但从齐白石个人与家庭、历史与当代等综合因素比较考虑，齐白石通过科举考试进入官方系统是不太可能实现的。正如上文所言，在齐白石的自我侧写中，他当时面临的最大问题是一家老小的生计；尤其是作为长子的他，有了童养媳之时尚无稳定工作，这个问题显得更加急迫。所以，经过粗木工和细木工的尝试之后，齐白石开始做细木工的雕花工，以此谋生。他挣了所有能挣的钱，把挣到的钱几乎都交给母亲，贴补家用。

齐白石后来拜萧传鑫为师学习人物画，也从文少可那里学得了不少关于人物画的技法，但是对齐白石早年影响最大的无疑是胡沁园。据齐白石介绍，胡沁园所在的韶塘胡家，原来是有名的财主，只不过到了胡沁园这一代，因其追求风雅，广交益友，境况开始变得窘迫。即便如此，也是齐白石当时的境况无法比拟的。胡沁园既会作诗，也会书法，精工笔花鸟，喜好书画收藏。更重要的一点是，胡沁园时常呼朋唤友,组织雅集活动,这为齐白石的人际交往打开了一扇门。不管是雅集的组织者,还是参与者,要么有财资赞助这样的文娱活动,要么有闲余时间或精力参与其中。而当时的齐白石,两者都不满足。在齐白石家人看来,只有务农才是务本,而对于读书,如果不是有一定的条件和机会,他的父母是不会支持齐白石或其他兄弟姐妹在上面花更多时间的。所以齐白石祖父希望他在家务事上多出点力,生怕他"尽顾着读书写字,把家务耽误了"。[10]

由此可见,齐白石生活的家庭环境,以及家族的务农传统,不可能给齐白石提供一个"学而优则仕"的社会晋升通道。齐白石要想改变继续务农的命运,就必须更新原本的生活环境。虽然对此齐白石并没有表现出明显的主动意识,但家庭的实际境况不断警示他要尽快担当起养家糊口的重任。

第二节

加法还是减法
——齐白石的求学之路

在齐白石学细木工出师以后,并没有像他的雕花木工师父周师傅一样只停留在细木工活上,而是利用空余时间在业务范围和业务能力上进行拓展,比如做一些小巧器物换钱,或在雕花的技法上创新,以便获得更多的订单。这里需要注意的是,我们并不能把齐白石对金钱的渴望和提高雕花技法完全画等号。与周师傅以及之前的齐师傅等木工师傅相比,齐白石所面对的木工雇佣群体并没有更好。他加入这个木工群体,只是使已有的基本固定的木工市场又多了一个分羹者,而且在客户和经验的积累上齐白石不占优势。我们无法将齐白石还原到当时的家庭环境和人际交往中去,但在齐白石的自述中,尤其是关于他如何被老师胡沁园和王闿运赏识的时候,都提到了"用功""好学"。关于这一点,齐白石自己的表述是非常清晰和肯定的。也就是说,在1889年稍前至1899年这十几年间,齐白石给外人留下了勤奋好学的印象。在他看来,如果没有自己的刻苦用功,是不会得到别人的赏识的。这里的勤奋,不是死读书,硬干活儿,而是要把书读活,把活儿做得更好。

在齐白石这里,当时的"读书""写字"已经不是儿时随外祖父读私塾的景象,也不是传统中国学子为追求科考功名不得不经历的过程,而成了把活儿干好的

必要条件。这一点,胡沁园、陈少藩在他拜师学艺的初始之时就给他定了性。陈少藩的话说得最为直接:

> 你来读书,不比小孩子上蒙馆了,也不是考秀才赶科举的,画画总要会题诗才好,你就去读《唐诗三百首》吧!这部书,雅俗共赏,从浅的说,入门很容易,从深的说,也可以钻研下去,俗话常说,熟读唐诗三百首,不会做诗也会做,这话不是完全没有道理的。[11]

可以看出,胡沁园、陈少藩等老师对齐白石并没有提过高的要求,而是顺着齐白石实际需求和能力做些指导,但无疑是中肯的。陈少藩还推荐齐白石读《孟子》《聊斋志异》等书籍,在空暇时间还给齐白石讲"唐宋八大家"的古文,齐白石对此非常满足,说"这样的读书,真是人生最大的乐趣了"。[12]

关于科举,齐白石和陈少藩对此都非常清楚,是不太可能实现的,也不现实。陈少藩对齐白石"读书"的阐释,不仅得到了齐白石的认可,甚至可能加深了齐白石对此的认知。在齐白石的记忆中,至少有两件事情可以证明:

第一件事是他画的一些画,别人不要他题款。齐白石认为这些人是以这种方式排斥他的木匠出身,不够斯文;画是风雅的,却怕题款有伤风雅。齐白石最后妥协了,因为他只为挣口饭吃。但很明显,齐白石是非常在意的,否则也不会在多年以后提及此事,而且还反复解释"只为了挣钱吃饭"。可以反过来理解:为了生计,"我"可以妥协,满足客户的需求。但是我们需要注意,齐白石满足客户的需求,并不是通过加法,而是减法;不是通过协商解决,而是被迫做出让步。这不是一桩买卖的事情,很可能多次发生。齐白石早年的一幅《西施浣纱图》似乎能说明问题。这幅作品大概创作于1893年,此时齐白石还是在胡沁园处学习,主要以卖画为生。郎绍君认为这幅仕女作品图很可能临摹自他处,但却是现存齐白石早期工笔人物画的难得之作。[13]值得关注的是,这幅作品上印有一朱文闲章,铭文为"任凭人说短论长"。[14]能把"内心话"刻在石头上、印在画面中,足见齐白石的上心。结合这个细节,我们基本可以判断,齐白石在现实生活的不愉快处境对他影响非常明显;如果不是因为齐白石容易"小气",那就说明不管是在他跟前还是背后,被人"说短"的现象不在少数,否则齐白石断不会因此而"刻骨铭心"。因为,当初胡沁园和陈少藩要求齐白石读书、写诗、写字,是为了在画画的基础上做"加法"努力,以此提高绘画的格调,所谓"画画总要会题诗才好"。齐白石对陈老师的教诲是铭记于心、实践于手的。所以之后,齐白石不断在原有画画的基础上做加法实践。因为在齐白石看来,胡沁园虽然不太富裕,但声望是有的;陈少藩在胡沁园和齐白石口中也有"陈老夫子"之称,所以他们的话,在某种程度上都是对的。或者更准确一点说,在某一范围内是具有权威性和合法性的。不仅齐白石得顺从,而且也理应得到这一群体大部分人的认可。但到齐白石这里,为何"加法"的"合法性"遭到了否决?齐白石的埋怨不无道理。一方面,齐白石很可能同时对作出否决执行的这些人的"合法性"产生怀疑,不认可,所以他才不屑去跟他们计较。另一方面,如果他们的否决是合理的,那么其实质更是在间接否定胡沁园、陈少藩二位老师。很显然,这些人并没有这么做;不是不能,而是不妥,因为为画"题款"的合法性在胡沁园、陈少藩二位老师那里是不证自明的。所以,齐白石不去"计较"的根本原因在于,他意识到这些人只是针对他而已。

面对这样的正面"冲突",往往有两种选择:一是做出妥协,让步,退一步海阔天空。郎绍君认为齐白石的这种"解脱法""来自于他的性格和经验","多少能看到他父亲——那个老实、忍让、肯吃亏的'德螺头'齐以德的影子"。[15]二是获得为画题款的"合法性"。在那些人眼中,只有具有实际功名或者具有一定社会地位和声望的人或斯文人才拥有这样的"合法性"。对齐白石一类人来说,若想实现这一目标,在齐白石早年生活的时代里科举考试是唯一路径;而这条路已经在陈少藩那里被"封死"了。1914年,胡沁园逝世,齐白石撰一挽联:

诱我费尽殷勤，衣钵信真传，三绝不愁知己少；

*负公尤为期望，功名应无分，一生长笑折腰卑。*¹⁶

这两句话既是写他恩师，其实也是写他自己。齐白石念及恩师，不由得想到了"功名"，并不是说他始终对功名念念不舍。这"功名"显示与其恩师胡沁园相匹配，因此齐白石此时或许是念及自己在身份上与恩师的落差方才提到功名。胡沁园等老师虽然没有将齐白石引到科举功名的道路上来，却也给予了他"三绝"，使齐白石不用担忧自己没有知己。而齐白石选择了第一个途径，但也没有完全放弃第二个途径，所以才有"一生长笑折腰卑"的坚定意念。齐白石是识时务者，任何时候都不会为了眼前的小利而伤大雅。他以折中而非中庸的方式待人处事，即有时候不得不做出妥协谦让，同时又要不断争取，使"妥协"所付出的代价更小。这里的"代价"包括两个方面，一是心理伤害的深浅程度，二是实际物质的回报程度。对于前者，齐白石往往采取精神胜利法，自我评判和比较，或站在道德的制高点，或从艺术角度加以评定。在齐白石这里，后者往往要重于前者。他的老师并没有要求他能在艺术道路上走得有多远，至少没有给他一个明确的规划，只是希望他能通过卖画挣点钱。齐白石深谙此理。所以不在画上题款他也是同意的，因为这不影响他的收入。

第二件事，是齐白石参加诗社。齐白石从务农子弟中走出来，做过粗木工、细木工，为的是赚钱贴补家用，至于读书，往往被认为是会"耽误"务农的事。而绘画不同，绘画可以带来收入，胡沁园等人为他介绍韶塘附近一带的人，使他接了不少活。当时照相机还没有普及，大部分人无法实现通过照相留影，对那时的齐白石及其师萧芗陔和文少可等以画像为职业的人来说，这正是可有作为的领域。自古以来，人物画就是中国社会表达对祖先的崇拜、歌功颂德最重要的图像载体。南朝谢赫《古画品录》："图绘者，莫不明劝诫，著升沉，千载寂寥，披图可鉴。"朱万章将这类肖像画归为具有"祭祀性"的绘画，它们主要的创作年代集中在晚清到民国期间。[17]除此之外，还包括雅集游乐图以及民间吉庆图等。从人物画的社会功效来看，这是山水画等其他门类绘画所无法比拟的。人物发展到明代，有"波臣派"吸收西方绘画技法，将肖像画推向了一个高潮。经过数百年的发展和沉淀，这一传统在清朝得到延续，尤其是对离商业经济区和政治中心相对偏远的中国中部农村来说，肖像画的传统不仅稳固存在，而且需求量非常可观。根据齐白石回忆，只要是当时"有钱的人，在生前总要画几幅小照玩玩，死了也要画一幅遗容，留作纪念"。[18]大家贵族为先祖列宗或现世家族人画像是湖南地区的传统，黎锦熙就提到，"湘俗尚巫祝，神像功对每轴旧钱一千……又大夫家必为祖先绘衣冠像，生时则备写真，名'小照'"。[19]湖南省博物馆曾举办过一次人物画展，通过以人物为主题的绘画集中展示明清以来的家族生活与信仰。这里所提到的"家族"非常接近齐白石口中的"有钱人"。而这类人绘肖像画产生的原因，不单单在于其家族富裕，更重要的还在于要展示他们的现实社会、历史地位，以及展示他们是通过怎样的方式维护、延续这样的家族传统的。在19世纪90年代，齐白石给不少人画过这类肖像图，如至今可见的作品有《黎夫人像》《沁园夫子五十岁小像》《蔬香老圃图》等。不论是齐白石的自我爱好还是为生计所迫而从事这类人物画创作，可以确切地说，齐白石对这一职业的态度是肯定的，而且他也清楚自己完全能够胜任这一任务。

　　从这里我们似乎也可以发现，读诗和写诗始终不在齐白石的"计划"中。一来，写诗不能换来钱，不像他为别人画像一样以物换物那么直接，而且别人还拒绝他在画上落款，这对齐白石来说是不小的心理伤害。正如他的诗友王仲言所言："抛却乡山十五年，人山人海作游仙。画师声价时无两，尺幅能售百万钱。"[20]二来，写诗也不是他所擅长的。他只有一年多相对正规的私塾生活，识得一些字。虽然在后来的学习积累中，有了不少长进，但还没有达到能写诗的水平。陈少藩建议齐白石读《唐诗三百首》时，齐白石已经27岁。从28岁到32岁，齐白石主要以画画、卖画为生，在他所在的乡里也有一定的名气。所以，诗在当时齐白石的实际生活中并不是必需的。但这样的情况没有维持多久。

　　齐白石时常在胡沁园家读书、画画。胡沁园喜好雅集，往来无白丁。齐白石作为胡沁园的学生，自然可以忽略"白丁"身份。与齐白石交往的人当中，除了他的老师和一些雇主以外，其他往来者年龄基本不大，黎松安、夏午诒、陈茯根、黎雨民以及罗氏兄弟等，都要比齐白石小上几岁。齐白石32岁那年，与王仲言、罗氏兄弟等七人在五龙山大杰寺内成立了诗社，并被一致推举为该诗社社长。齐白石作诗开始于25岁前后。有一次加入了在胡沁园处举办的雅集诗会，并作了一首诗。在此之后，齐白石在诗上下了一些功夫，并多有诗作，仅《寄园诗草》里就收录了他31岁到32岁这一年所作的108首诗，还很可能不全。[21]但在齐白石看来，他的诗句与周围的世家子弟相比，还是有不小差距的；虽然胡沁园周围的这些人——用他的话说就是"不嫌我的出身寒微，一点没有看不起我的意思"，都成了齐白石的朋友。[22]同时，他对自己寒微的出身是极为清醒的，甚至成为他后来标识自己与众不同的符号。关于龙山诗社的成员，他曾说过：

　　　　他们的书底子，都比我强得多，做诗的功夫，也比我深得多。不过那时是科举时代，他们多少有点弋取功名的心理，试场里用得着的是试帖诗，他们为了应试起见，都对试帖诗有相当研究，而且都曾下了苦功揣摩过的。试帖诗虽是工稳妥帖，又要圆转得体，做起来确实是不容易，但过于拘泥板滞，一点儿不见生气。我是反对死板板无生气的东西的，做诗讲究性灵，不愿意像小脚女人似的扭捏作态。[23]

　　从这里可以看出，齐白石对他们还是有嫉妒心理的。在后来者看来，齐白石认为"科举时代"人人都有参加的权利，对他们博取功名的心理并没有排斥。但作为同时代人的齐白石早早地被迫放弃了这一权利，他仿佛一个被家长没收了玩具的孩子，只能从局外人的视角看待、评价这些局中人，既有失落感，也带有些许抵抗。这些抵抗往往是无声的，就像多年前他被人拒绝在画上落款一样，齐白石为了生活做出了让步。在画上如此，在诗中也一样，齐白石依旧以一种妥协的姿态作出无声的抗议，"不愿意像小脚女人似的扭捏作态"。写字和作诗是中国古代士大夫的两大标识，在这两件事情上，齐白石都没有通过考验，一件是被拒绝，另一件是自我隔绝。

1899 年（光绪二十五年），齐白石拜王闿运为师，并奉上自己作的诗文请老师过目。王闿运在这一年正月二十日[24]的日记中记载："看齐木匠刻印字画，又一寄禅张先生也"。[25]同年的十月十八日又记载："齐璜拜门，以文诗为贽。文尚成章，诗则似薛蟠体。"[26]胡适之先生对此表示不满，他说："王闿运说白石的诗似薛蟠体，这句话颇近于刻薄，但白石终身敬礼湘绮老人，到老不衰。白石虽然拜在湘绮门下，但他性情与身世都使他学不会王闿运那一套假古董，所以白石的诗文没有中他的毒。"[27]王闿运与胡适对齐白石诗的评价各有立场，无法在两者之间做出唯一的选择。据齐白石后来回忆，1899 年第一次去见王闿运的时候，他带着作的诗、写的字、画的画和刻的印，王闿运对他的画给予了很高的评价。时隔数月，当齐白石再拿着他的诗作给王闿运看的时候，王闿运对此却作出"薛蟠体"这样的评价。王闿运在日记中对他诗的评价齐白石也是知晓的，并欣然接受。不管是胡适认为的"刻薄"还是黎锦熙解围的"对门人要求太高"[28]，都暴露出齐白石的诗是不入流的。其实，齐白石本就不是因为诗写得好才得到王闿运的赏识和认可，而是他特殊的身份和特长。王闿运门下，除了木匠（齐白石）、和尚（寄禅）和铁匠（张仲飏），还有一篾匠和一牧童，他们的共同特点就是家境贫困，生活无以为继，也没能通过科举获得任何功名，却以一技之长博得些许名气。所以，在王闿运看来，齐白石的绘画或刻印更加符合他的气质和定位，而与传统文人紧密相关的写字和作诗，在齐白石身上是无法找到契合点的。

写字或作诗在王闿运一类人和齐白石一类人身上的意义和价值则大为不同。对于前者，写字和作诗不仅是其考取功名的必备条件，而且也是中国士人的两大传统爱好。从这一层面看,写字或作诗在王闿运等一类士绅身上,具有浓厚的社会属性,不是单纯的聊以自娱。正如余英时所言,这些取得一定功名的士绅可以为官而不限于为官。[29]但是,不管是哪一方面,王闿运一类人所承载的社会功能和价值是不会改变的。也就是说,他们的一言一行具有一定的范式,这一"范式"在中国过去相当长的历史时期内,通过科举考试得以不断巩固而深入人心,渗透社会的各个层面,作为无形的准则规范人们的观念和生活方式,并在一代一代人的延续中进一步深化。对于后者,他们作为整个社会和历史中的成员,无法单方面超越某个行业范畴或时代空间。

从绘画角度看,中国画的发展历史不断有人创新,如宋梁楷、元倪瓒、明四家、清"四僧"等,但始终没有出现断裂式、无法弥合的、跨越式的突变,而仅是在中国文化内部进行发展,传统绘画与近现代中国画所面临的危机相比,前者显得温和很多。

从人世角度看也一样。齐白石等人作为中国文化培养出来的一分子,不管其家族的历史如何,也不管他们当下是务农还是为官,他们身上都带有时代和文化环境的烙印。这是王闿运和齐白石这两类人的共性,这一"共性"的存在,使得王闿运等人对齐白石这样的"例外分子"采取包容的姿态,如他门下的"三匠""五怪",在他们身上闪烁着一丝与众不同而弥足珍贵的光辉。与其说,被王闿运等社会名人的赏识和认可得益于齐白石等人的勤奋、天资或品德,倒不如说这彰显了作为中国中层社会绅士的社会担当和责任。郎绍君先生也认为,王闿运"接纳齐白石不过是礼贤乡人、接待后进的一种姿态罢了"。[30]因制度、文化、习俗的不同,立于世的每一个人,都能够在社会上找到自己的角色,所谓"在其位,谋其职"。前提是,在中国古代社会,位和职都不是自然形成的,更不是个人可以随意选择的,士农工商的阶层划分,直接或间接预设了现实中个人的社会身份、价值和地位。正如齐白石所言,庄稼汉就永远是庄稼汉。在他看来,自身的身份早已因为历史的原因无法更改。成名后的齐白石在自述中对此提出埋怨可以理解,这跟他个人后来的成名并从固有的农田中挣脱出来不无关系,他试图把自己的"老农身份"归咎于社会或体制。其实这是偏见,或者说借口。因为,齐白石的老师陈少蕃与他的家境有些相仿,也是世代务农,不过陈少蕃从小发奋读书,潜心做学问,"诗文饮誉乡里"。**31** 关于这些事,齐白石多少应该是知晓的。但是,陈少蕃的科举梦也因为个人身体状况不得不中途放弃,后来不胜感慨:"富贵前生定,何事强相求;文章赠司马,天地一沙鸥。"**32** 齐白石的诗不比这般清雅平正,更多的是意气和天性。1933年,齐白石还曾篆刻"星塘白屋不出公卿"以表态度,似乎是对自己和家庭的过去的一种定论。毫无疑问,个人身份的转变,家庭境况的改善,以及社会地位的提高,都为齐白石对过去的反思提供了契机。这一契机的获得,不完全来自个人的努力,亦非一蹴而就,唾手可得,而是需要在更大程度和范围上促使某一"范式"的转变才能得以实现。在这之前,齐白石若自评"诗第一"都为时尚早,不合时宜。

第三节

十年的"静"与"动"（1889—1899）

　　显然，齐白石的求学之路不同一般，因为他所学、所思和所为，都不再是为未来许下承诺、做个铺垫，而是基于个人、家庭和社会现实不得不本、务实。有些需要作出改变，有些则不能，如因身体较弱，齐白石不得不弃大器作改学小器作，而赚钱贴补家用这一目的是不能变的；为了获得更多学习机会，齐白石拜师学艺、读书，广交师友，但其以家为本位的思想始终没有改变。在拜师王闿运之前，齐白石寄学胡沁园十年。这十年间，齐白石不仅在绘画、篆刻、书法上齐头并进，而且谨遵师诲，不断加强诗文训练和写作。

　　在齐白石的诗与画之间，引起争议较大的无疑是诗，上文提到的两件事情已经能够说明这一问题。而且，在这些事情上，齐白石一般采取低调的处理方式，要么顺从，要么自我安慰，或者刻闲章以明志。现在看来，这种处理方式给齐白石带来的好处大于弊端。一方面，齐白石是有自知之明的人。他从一个普通木匠一步一步走过来，终得弃斧斤而执画笔，这为他带来可观的收入，解决了一家生计问题。他对家族、历史和现世的清晰认识，促使他暂且面对现实。齐白石家庭此时的境况，或许并不比他的父辈、祖辈甚至先辈好或更糟；齐白石继承前辈的庄稼汉身份，似乎在引导他必须把这一务农"传统"原封不动地传承下去，否则，他必须想方设法作出改变。但关于未来的一切他都不能确定。所以，齐白石的谨慎、低调甚至息事宁人都是可以理解的。另一方面，齐白石此时正处于"弃斧执笔"的起步阶段,不管是绘画技法、书法能力还是学识修养,都处于前期积累阶段。在当时的齐白石看来,画画也只不过是养家糊口的工具而已。相比木匠活计,画画省力气得多,现实需求量也大,有了师友推荐,钱来得省事也快,而且不比木匠得来的钱少。在这种思想观念的指导下,齐白石将很多可能陷于种种人世纠纷的时间和精力花在了读书学画上,不敢怠慢。他给很多人留下的印象是勤奋用功,这与他的实际付出是相符的。虽然他时常把不喜欢附庸风雅这样的话挂在嘴边,但一旦遇到有人向他推介具有一定声望之人,齐白石总能抓住机会。这一方面与他怪异、耿直的性格有关,另一方面也与他一心求上进不无关联。所以当有人想把他引荐给胡沁园的时候,他没有拒绝,当然也没有显现出急不可待的样子,只是顺其自然。拜胡沁园和陈少藩为师,跟随他们学画作诗,成为齐白石一生中最为重要的转折点,这可能是齐白石始料未及的。

在胡沁园和陈少藩的教导下,齐白石谨遵师诲,脚踏实地读书。因为这已经不是私塾,所以胡、陈二师所传授的东西都非常直接和实用。又因为二师对齐白石的一心栽培,齐白石少走了不少弯路。同时,齐白石有所想法亦能及时得到诸位老师的回应和认可,这提供给齐白石一个既有效又轻松的学习环境,所以齐白石曾说这种学习方式是他"最大的乐趣"。也正是因为这种寓教于乐的学习方式,拉近了齐白石与诸位师友之间的关系,所以我们经常看到齐白石称交往的人为"师兼友"。但因为与胡沁园关系尤为特殊,齐白石对他是极为尊敬的。

从1889年到1899年的这十年,胡沁园和陈少藩对齐白石的影响大概可以归为艺术和人际关系两个层面。

一是艺术层面。据齐白石自述,他很小的时候对绘画就产生了浓厚的兴趣,并在同龄人面前显示出了这种能力优势。其实这样的表述并没有显现出他的特别之处,关键要看当他真正进入艺术学习或创作时表现出什么样的状态。不管是同时代人,还是后世研究者,都认为齐白石自拜师于胡沁园门下,绘画的全面性、艺术性和思想性都有不小进步。敖普安先生就曾如此评价齐白石为其恩师胡沁园五十岁时所作的《沁园夫子五十岁小像》："此为齐白石从师胡沁园8年后的'汇报'之作，从其造型、技法、构思来看，可以领略到年轻的齐白石对艺术的执着及其对技法的认真考究。艺术的初阶是技巧——即人们常说的'做手艺'，齐白石当时的'手艺'已做得相当投入，因为同时有了书卷气的熏陶，他自然地向文人画家靠拢"。³³这8年的时间，放在当下的学习生活中也是比较长久的。齐白石是边工边读的，他能够把学到的东西实时地运用到实际创作中去。关于齐白石何时出于何目的开始画人物画，他的自述里有提到。他说："那时照相还没盛行，画像这一行手艺，生意是很好的。画像，我们家乡叫做描容，是描画人的容貌的意思。有钱的人，在生前总要画几幅小照玩玩，死了也要画一幅遗容，留作纪念。我从萧芗陔师傅和文少可那里，学会了这行手艺，还没有给人画过，听说画像的收入，比画别的来得多，就想开始干这一行了。"³⁴从这里可以看出，齐白石对其家乡的风俗习惯是非常熟悉的，也非常了解"行情"，并看到了画画与木工、人物与花鸟之间的经济回报率的差别。"画像的收入，比画别的来得多"，所谓"别的"，可能包括民间传统的神像功对，这些题材和图像齐白石没少接触，其现存的早期作品亦有不少。因为这类作品题材、内容和思想大家都比较熟悉，自古以来，不少民间画师都有过创作，不少图像还流传有稿本。从这个角度看，可能这类劳作的回报比较透明，就创作者来说，能够自由发挥展示艺术才能的空间也有限。除此之外，还包括类似其师胡沁园所从事的工笔花鸟草虫的绘画。长久以来，梅兰竹菊等就是文人士大夫一直钟情的题材，或借物言志，或聊以自娱，纯粹用来销售的，在清中期"扬州八怪"身上比较常见，但身居中国南部湖南湘潭的画师还不能与之比拟。就胡沁园而言，他一向不重经营家业，而是善于交游雅集，显示了他创作的娱乐性、自适性要大于物质性和经济效益。这一点显然与齐白石是相左的。

胡师对齐白石说"卖画养家"并没有指明卖的是哪一种画，依照齐白石的自述，很可能不是人物画。因为，胡沁园自己攻工笔草虫，所谓"石要瘦，树要曲，鸟要活,手要熟。立意,布局,用笔,设色,式式要有法度,处处要合规矩,才能画成一幅好画"。[35] 后来胡沁园还向齐白石介绍一位叫谭荔生的人,教齐白石画山水。山水、花鸟都是传统文人画的主要题材,这符合胡沁园以及谭荔生等人的个人审美理想和志趣,但是否适合当时的齐白石就难说了。所以当齐白石意识到"画像"的经济收益更明显的时候,随即向其师提出"转业"的请求,并得到理解和同意。人物题材的绘画齐白石不陌生,他从事多年的木匠生活为他后来创作人物画提供了不少便利,甚至可以说,其早期的人物画与木工活中的一些内容是一脉相承的。如他创作于1895年的《八仙条屏》中的人物形象,就被认为与木雕中的人物有关系:"这套条屏,大体用半工写画法——头部较为工致,须发都细勾,反复罩染;身躯和景物较为粗放,衣纹多折落,且有浓淡的变化。"尤其是"头与身的比例约为1比4或5,其矮短的形象,与齐白石的木雕中的人物略相似"。[36] 类似的用笔特征和人物造型结构在他的《东方朔》《诸葛亮》《郭子仪》[37]等古装人物作品中或多或少出现,它们的完成时间还要早《八仙条屏》一年。

　　齐白石从雕花工转向绘画,又急于从胡沁园一路的绘画方向转到"画像"上,显示了齐白石的务实主义精神和干净利落的做事风格。有了木工细活的创作经验,再加上从萧芗陔和文少可那里学到的人物画技巧,齐白石得以将三维立体的雕工与二维平面的绘画结合起来,把乡村喜闻乐见的民俗素材和传统文人崇尚的笔墨趣味综合在一起,既做到了现学现用,又能够互学互补。一是鉴于当时个人和环境的局限,即便像胡沁园这样的当地名士,他们能够提供的绘画方面的资源也是有限的,虽然有技法和理论层面的传授,也会有临本、画稿等图像材料,但对于精益求精、不断求新的齐白石来说,还是远远不够。二是传统文人画的风格、意蕴不是一朝一夕所能学来的,正如郭若虚所言"气韵非师"。齐白石是深知这一点的。就其个人而言,一直以来的草衣和木匠形象已经定型,后续又没有进入仕途的可能,与传统文人相关的附属物跟他也就关系不大;尤其这些"附属物"在他身上并不能够立即兑现,或者说"兑现"的机会和效益没达到预想。现存齐白石最早的花鸟画作品是创作于1892年的一幅《佛手花果》扇面,款题:"光绪□八年□月。[38]奉夫人大人之命。受业齐黄学。"[39]最早有年款的山水画作品为创作于1894年的《龙山七子图》,有题款:"龙山七子图。七子者,真吾罗斌、醒吾罗羲、言川王训、子诠谭道、西木胡栗、茯根陈节暨余也。甲午季春过访时园,醒吾老兄出纸一幅,属余绘图以纪其事,余亦局中人,不得置之度外。遂于酒后驱使山灵以为点缀焉。滨生弟齐璜并识。"[40]这两幅画都有明显的初学痕迹,《龙山七子图》与齐白石后来的山水风格迥异,极有可能学习和借鉴了当时社会流行的"四王"画风。创作这两件作品的时候,齐白石还在胡沁园处学习,通过落款内容我们也可以看出,齐白石这阶段山水、花鸟画创作不少属于师友之间的交际往来。其另外一件早期无年款的《山水条屏》以及创作于1896年的一幅《山水》,皆受胡沁园之命而作。也就是说,尽管齐白石要求转向"画像",但胡沁园始终要求齐白石同时创作以上题材的绘画。或许在齐白石看来,创作山水画作也好,花鸟、人物画作也好,最终要解决的是他本人的生计问题,否则都无从谈起。所以,从艺术层面看,与其说胡沁园给齐白石更多学画的时间和空间,倒不如说,在此阶段齐白石笃定走绘画这条路——对他来说是不错的选择;最不济,也能通过画像赚得不少钱。

齐白石持有这样的务实思想是可以理解的,也符合他个人的实际需求。他不是士人出身,不需要履行一般读书人的默认守则;既不需要有什么心理负担,也不必展示出多大的社会抱负、政治理想、艺术境界。他的行为准则看似以"小我"为中心,其实同时更是以19世纪中国千千万万的农村家庭为中心。在他自述中,很多事情的细节清晰可见,可以说明近40年的农村生活对他产生了极大的影响。而且,即便他后来频繁外出交游,却始终与湘潭老家保持着联系,他的种种思乡之情,无意识中流入他的画面中,转换为各种艺术形象。这并不是说,齐白石把记忆由家乡带到了外界,而是通过画作、诗作、书信等不断加深这种记忆。所以,齐白石自从拜师胡沁园、陈少蕃等人学习,尽管后者及其周围的人都或多少有些功名，或怀抱考取功名的理想，但这样的"人文环境"并没有触动他对文人理想、社会名声、政治权力产生追逐欲望。因此，郎绍君先生说齐白石始终"在大潮的中心之外"[41]，他认为"齐白石只是作为一个以画谋生的游子和社会环境发生过客关系的人。大革命和文化变迁的潮流仍在他的心身之外，偶尔溅起一朵浪花，也是无意和不觉其然的"[42]。

在时代发展过程中，没有任何一个人能够完全置身事外，尤其对于生活在晚清及民国时期的人来说。得到胡沁园和陈少蕃等人的指导，齐白石明确了他的职业方向，即由"木匠"转向了"画匠"，关于这一点，齐白石在自述中反复强调。在他看来，这是一次正确的、令后来的自己满意的人生决定。但是，或许齐白石本人也忽略了一点，即他眼中所谓的"画匠"是什么？正如上文所言，齐白石是首先出于经济的考虑才选择了画画，而且是为别人"画像"。在外人或齐白石家人看来，不管是"木匠齐白石"还是"画匠齐白石"，终究还是杏子坞的那个齐白石，或许多数时候还够不上"湘潭县齐白石"。所以，齐白石想从木匠转行到画匠，与以前从粗木活到细木活的选择类似，似乎并没有多少新奇。两者的相似之处远大于相异地方，可以说，都是在利益的驱动下促使齐白石不得不作出选择。此时，抛开概念性的阐释，"画匠"在齐白石看来只是比"木匠"更容易挣钱、可以挣更多钱的"匠"。据齐白石自述，我们知道，他早年画匠身份的形成主要是在他28岁至32岁，也就是1890年到1895年："这五年，我仍靠着卖画为生，往来于杏子坞韶塘周围一带。"[43]在齐白石的回忆中，还有一段的表述与之极为相似。关于1884年到1888年这段时间，齐白石说："这五年，我仍是做着雕花活为生，有时也还做些烟盒子一类的东西。"[44]我们需要注意，齐白石在后来的"自述"已经不是一个纯粹的、客观的、统一的"人生自述"，而是预设了他后来成名的画家身份逻辑。也就是说，在其自述中，齐白石会将其过去的记忆作一定的筛选，尤其是要着重保留关于画画的记忆。因此，当他说"仍是做着雕花活为生"的时候，往往夹带着关于绘画的表述，也就不足为奇。相反，在他于1889年拜胡沁园为师之后的五年，"雕花活"基本在他的自述中消失。

由此可见，齐白石在自述中为我们勾勒出一个"画家是如何诞生的"而非"如何从木匠到画匠"这样的历史逻辑。

很显然，齐白石在木匠与画匠之间作出选择，不是简单出于挣钱方式的改变，其背后关系到封建社会乡村资源分配的问题。中国民间手工业群体的出现可以追溯到春秋后期，"在官府工业之外，出现了民间工业（私营工业）和个体手工业者"[45]。木匠作为手工业中最具普遍性的行业之一，伴随着社会生活的丰富和发展，首先在乡村沉淀下来。到了明清两代，中国手工业规模日益庞大复杂，制度愈加完善，行业划分也更加精细，甚至在社会底层形成了"得业则生，失业则死"的观念。在清代湘潭地区，其手工业的发展满足了当地的生活生产需求，关于手工业的一些行业制度、观念也得到社会的认同。清代湖南地区的行会，"对手工业和商业店铺、作坊的师徒关系、商品生产和流通各方面都有详细的规定"，并对"学徒的年限、带徒的数目，学徒的待遇及带徒师傅向行会须尽的义务"做了详细规定，其中，学徒的时间一般为三年，而且师傅一般三年只能带一人，即所谓"出一进一"。[46]齐白石的自述佐证了这一点。他在谈到拜周师傅学小器作的经历时，尤其强调了"照我们小器作的行规，学徒期是三年零一节"[47]这样的苛刻要求。学徒期间，齐白石不幸生了一场大病，耽误了学习，因此他没能如期出师，直到累积的学徒期满。由此可见，这种木匠手工业在中国社会的发展已经相当成熟而普遍，一般乡村民众也都能接触到这类群体。齐白石第一次学徒学大器作的师傅是他本家，也姓齐，第二次学徒学小器作的师傅姓周。齐白石的这两次择业都是他父亲为之做主张罗的，而且并没有费多少周折。可以想见，对齐白石的父辈们来说，常年务农在家，对家乡及人事相对熟悉，能为齐白石找到木匠的活既是他们的能力所及，估计也是他们的眼界范围所限。也就是说，齐白石的父辈所拥有的和可触及的社会资源是极为有限的，所谓"学一门手艺，预备将来可以糊口养家"[48]。这里，齐白石与手艺、家与未来构成了对等关系；没有手艺的齐白石,意味着一个没有未来的家。这就是齐白石父辈的想法,这不足为怪,否则齐白石也不会欣然接受,并不断尝试将这种手艺轻量化、高效化。

从16岁到26岁,齐白石经历了学徒、"芝师傅"的生活。明面上,木匠与齐白石的身份更加紧密,但其背后所隐匿的人际结构和社会资源关系却悄然发生着变化:一面是以其父辈为代表的"木匠"层面的社会关系和资源渐远,另一面是以胡家、黎家等为代表的"画匠"层面的社会关系和资源的靠近。在齐白石的自述中,当提到某一位社会身份高一些的人时,往往会出现"听""知"等感觉用语,但他是不熟悉或不曾照面的。比如:

> 我也素知这位萧芗陔的大名,只是没有会见过。[49]
> 我光知道我们杏子坞有个绅士,名叫马迪轩,号叫少开,他的连襟姓胡,人家都称他寿三爷,听说是竹冲韶塘的人。[50]

这里的"素""光"等词,说明这些人脉对当时的齐白石来说是一种稀缺的、始终处于观望中的社会资源,可望而不可即。对此,齐白石尚且有所知晓,那么他的父辈想必也不会陌生。但现实中,这些社会资源在他父辈那里仿佛成了一种"例外状态",没能通过父辈的关系进入齐白石的生活中。或许不是现实中不可接触的问题,而是早已固化为他们意识中的某种"绝缘体";当对方安然不变的时候,非得改变自身的属性才能形成"导体"。由听、知到见、会,意味着由空泛的想象到真实地触及这样的状态。这一切在齐白石父辈那里没能实现,在齐白石这里成为可能,其媒介就是"画"。

绘画艺术在中国古代的发展,到了清代,已经非常完备。这里,我们无须深入探讨它的历史渊源。单从绘画观念上来看,它已不再是单纯的图案载体,它承载着中国文化及文人精神,渗透到了中国文人所处的城市与乡村。如晚清的湖南地区,中国绘画的历史观也已渗透到社会乡村阶层。胡沁园就曾对齐白石言:

"你学学做诗吧！光会画，不会做诗，总是美中不足。"[51]可见，作为乡绅，胡沁园对中国传统绘画的认识和掌握超过了当地的一般人。至少从胡沁园这里，齐白石理应认识到什么样的"画"是画，一个"总"字，道出了"诗"与"画"之间存在的本质区别。此前，齐白石也一直在画，自学画神像功对，后又师从萧芗陔学画人像。想必，他画神像功对的经验对他学画人像提供了不少帮助。萧芗陔与胡沁园同为，齐白石的老师，其共同之处还在于二人也都会为他人画像，只不过萧芗陔的职业性更加明显，号称"湘潭第一名手"。而胡沁园，在这个领域虽稍逊于他，但据齐白石介绍，有人为了请胡沁园画帐檐不惜苦苦等了一年半，也可见胡沁园的影响力。虽然萧芗陔也作诗，但没能引导齐白石走向"诗画一体"道路。胡沁园要求齐白石学作诗，一方面是出于对齐白石的培养，另外更值得注意的可能是胡沁园自身对画画的认知。那么，胡沁园口中的画必然与萧芗陔甚至之前教齐白石的老师眼中的画存在一定的差异。这一认知与作为士绅的胡沁园是相符合的，也与我们所熟知的美术史中中国文人画的形式相一致，包括艺术家的字、号等。齐白石的另一位老师陈少蕃就直言"预备题画所用""画画总要会题诗才好"。[52]从这里我们可以看到，诗、书、画、印等作为中国文人画主要特征的观念，如何逐渐为齐白石所熟知和接受。

所以，齐白石之前所接触和认知的"画画"是一回事，拜胡沁园为师之后的画画观念则为另外一回事。齐白石由原本"绝缘"的状态，通过绘画的沟通，成为中国传统意义上文人画的"导体"。由此产生的链接效应使齐白石的社会资源、视野超越了其父辈。在画匠的文化场域，胡沁园等老师所传递出的能量可以弥补齐白石儿时因失学造成的遗憾。因为齐白石很清楚"乡绅"这类人的身份、修养和所代表的社会形象，这是齐白石作为私塾老师的外祖父所难以比拟的。所以当陈少蕃提起"你来读书，不比小孩子上蒙馆了"[53]的时候，齐白石心里的滋味我们无法想象。在齐白石看来，陈少蕃的这句话是有所指向的。因为，齐白石上一次的学习经历正是随其外祖父读启蒙书籍，不过后来中断了。可以想见，齐白石师从胡沁园等人,既不是为了再续前学——毕竟此时齐白石已27岁,也不是为了科考得功名,而是因为胡沁园等人所代表的文化场域不同过往而吸引了齐白石,这是木匠与画匠的本质区别。

其师,除了在视域和认识上为齐白石打开了门道,同时也在物质性的社会资源上为齐白石敞开了大门。我们都知道,中国古代文人传统的学画方式和途径,最普遍的就是临摹古人经典之作。哪怕是齐白石早期学画神像功对,也是利用了其身边仅有的图像资源进行临摹。后来,齐白石从一位雇主家里借到了《芥子园画谱》进行临摹学习(勾影),并运用到雕花活中,实现了雕花艺术的别出心裁。从神像功对到画像,从无师自通到拜师萧芗陔,从民间图像到《芥子园画谱》,我们清晰地看到齐白石不断寻找和利用一切可得的绘画资源和学习途径。因此,当齐白石决定拜胡沁园等人为师的时候,或许他并没有事先预想能从这里得到什么,只是本能地抓住机会,但事实上他获益甚多。在齐白石的自述中有一个细节值得关注,就是胡沁园把他珍藏的一些古今名人字画拿出来供齐白石临摹学习,对齐白石这样底层社会人而言,这是千载难逢的机会。通过临摹古今名人字画以提高和确定画家身份始终是古人学习中国画的不二法门。而对绘画资源的占有,不管是收藏还是有效流通,更成为中国古代精英阶层或代表正统文化群体的一大特征和优势。胡沁园作为乡绅,不仅其生活方式和社会活动符合典型的文人形象,其珍藏古今名人字画的行为则更彰显了他的文人身份和地位。从这个意义上来说,齐白石从木匠到画匠的转变,与其说是职业的更改或挣钱方式的改变,倒不如说是他在现实生活中人际关系和社会资源分配的一次深刻改变。

由此可见,在齐白石心里,其师胡沁园的地位和意义非同寻常。在齐白石现有的文献记载中,关于胡沁园的内容主要有两类:一是齐白石在自述中反复提到的,集中讲述胡沁园如何"诱"他走向了绘画之路,直到他1899年拜王闿运为师。这十年间,齐白石在艺术活动上没有停止过,不管是作诗、绘画创作还是篆刻,都与胡沁园有着密切的联系。二是胡沁园于1914年过世之后,据说齐白石参照了旧有稿本,画了二十多幅画,并亲自装裱好拿到胡沁园的坟前焚化,同时作了七言绝句诗十四首、一篇祭文和一副挽联,以表其对恩师的怀念。[54] 其他时间段,齐白石与胡沁园应该亦有来往,但不是很多。关于绘画,除了在拜师初期多有提及,之后也很少见。由此我们也可以揣测,胡沁园在绘画上对齐白石的影响是有限的:齐白石的"技艺画像"是从萧芗陔、文少可那里学来,早期学习山水得到过谭荔生的指导,关于花鸟则多来自胡沁园,但同时还有可能受到湘潭本地民间画家胡何光昺[55]、以画牛著称的王可山[56]和工山水的陈竹林的影响。尤其是齐白石拜师学习期间创作了不少写意风格的作品,即便是现存最早有年款的那幅扇面《佛手花果》,也与胡沁园的工笔细致风格保持明显距离。因此,我们就不能片面地、直截了当地认为齐白石的画家身份是在那次偶然的"转向"中形成的,除了其他人或作品对齐白石的影响外,我们还不得不反思,齐白石眼中的"恩师"和"生平第一知己"到底在多大程度上是由"绘画"这一因素决定的?

更进一步分析,胡沁园和陈少藩对齐白石的影响主要在第二个方面,即齐白石视野的拓展和人际关系的累积。现在细数那些齐白石交往过的人,大部分都在中国近代史不同领域留下了浓重的一笔,这一点也被很多研究者注意到。下面我们以胡沁园为中心,把那些与胡沁园相关且同齐白石保持长久交往的人组成一个"人际关系网"。

1889年至1899年,齐白石跟随胡沁园、陈少藩两位老师学习,不仅业有精进,更重要的是建构起了丰富而复杂的人际关系网。这些人物,不论后来发展如何,单就当时来说,他们的地域特征决定了彼此之间的关系程度。依照图1得出,齐白石在这十年中的活动范围非常有限,用他自己的话说,"在35岁之前,足迹只限于杏子坞附近百里内,连湘潭县城都没有去过。直到35岁那年,才由朋友介绍,到县城里去给人家画像"[57]。也就是说,1897年之前,齐白石是没有出过"远门"的。很可能是,一方面,齐白石的家庭境况尚未稳定,他还需要始终保持高紧张的挣钱节奏。其相关影响因素包括,1878年湖南省发大水,晚稻无收[58];

1879年八月十五,五弟纯隽出生,这一年齐白石还生了一场大病,一度中断学艺;1883年九月长女菊如出生;1885年湘潭遇水灾[59];1888年正月,齐白石六弟纯楚出生;1889年七月,长子良元出生;1894年次子良甫出生;1895年,湘潭又不幸遭遇旱灾,庄稼受损严重[60];1898年次女阿梅出生;等等。家里家外的这些事,作为长子的齐白石无暇顾及其他,一心想着挣钱,一定程度上也限制了他的活动范围。另一方面,齐白石的绘画技艺、诗文能力等都处于学习长进的阶段。因急需

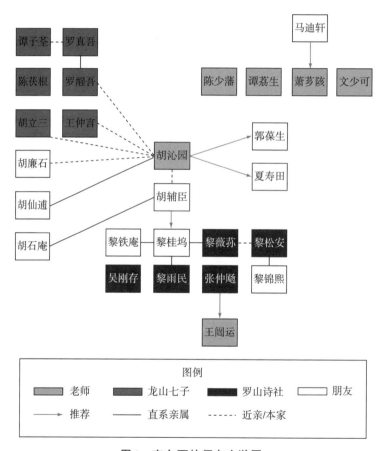

图1 齐白石的师友交游圈

缓解家庭生活压力,他不得已转向赚钱更容易的"画像"——尽管他刚学会这门手艺。通过他在这段时间里的绘画作品,我们可以看到齐白石的努力、天分和成果是如何在临摹功底、笔墨技法、写真能力上呈现的,而这种能力展示出不断发展的趋势。也正是因为齐白石在如此有限的范围内居住了近十年的时间,既让他有足够的时间和精力维持一定的家庭收入,也让他有更多的机会与胡沁园、陈少蕃等师友保持密切交往,加深了彼此情感沟通。

在这些师友中,主要可以分为三个小的交游圈(图1)。一是老师一辈,包括胡沁园、陈少蕃、萧芗陔、文少可、谭荔生等,他们与齐白石产生直接的交往,存在实质性的师生关系。他们对齐白石进行了花鸟画、诗文、人物画、山水画等方面的艺术培养,不仅让齐白石认识到技艺的不足,更使其眼界开阔,精益求精。二是龙山诗社团体。龙山诗社的成立与王仲言有一定的关系。王仲言是齐白石的同乡,年龄略小于齐白石,以诗文闻名当地,称得上一位乡绅名士。据悉,王仲言先后在胡沁园和黎松安家任私塾老师,齐白石应该是在胡沁园处最先认识了王仲言[61],后来王仲言去黎松安家任其子黎锦熙的塾师,可能向黎松安推荐了齐白石。据记载,黎氏家族在清代湘潭属于望族,世代为官,在湘潭很有威望。黎松安本人也是"考过举人,由于不愿做官,长期闲居老家,过着陶渊明式的生活,以诗书画印自娱"[62]。齐白石在1894年应黎松安之邀为其父亲画遗像之前,应该对此非常了解。据黎松安后人回忆,"此后的八九年间,白石老人每年总有好几个月是生活在我家的"[63]。齐白石在自述中提到,正因为他和王仲言长期在黎松安家居住,引来了他们其他朋友的到来。在王仲言的倡议下成立了一个诗社,社员的聚集点暂定在罗晋卿家。罗晋卿的儿子罗醒吾是胡沁园的侄婿。1894年的时候,齐白石曾为罗晋卿创作一幅《八哥水仙松》,题款:"晋卿世伯大人教正。濒生侄齐璜作于蔬香老圃。"1898年罗晋卿62岁寿辰的时候,齐白石又画了一幅《蔬香老圃图》[64]以贺,题款:"蔬香老圃图。光绪二十四年春三月。世侄齐璜为晋卿老伯大人六十二岁寿。"与齐白石以往人物画和山水画不同,齐白石把两者结合起来,罗晋卿坐于一块巨石上,右手拈花,目光对视画面,安详端庄。其左右分别立两株高耸的松树和脚穿麻鞋、手提果实,头戴圆廓帽子的随从。随从目视着罗晋卿,形成若即若离的人物关系。画中的人物、周身环境、草木、山水等构思精巧,布局适当,可以看出齐白石对待此次创作的用心良苦。两件作品题款中,齐白石都称自己为"世侄",从侧面显示了他与罗晋卿之间较为亲密的关系。相比而言,齐白石与其儿子罗真吾、罗醒吾的交往更频繁和持久一些。后来诗社正式成立,选址在当地五龙山的大杰寺,诗社主干成员有七位,人称"龙山七子",除了上文提到的王仲言、罗真吾、罗醒吾,还有陈茯根、谭子荃、胡立三。其中谭子荃是罗真吾的内兄,胡立三是其师胡沁园的侄子,众人推举齐白石为社长。

龙山诗社是齐白石一生中加入的第一个社会团体,虽然没有任何官方代表在场或官方组织认可,但对齐白石来说意义却非同小可。因为,在1899年为罗真吾、罗醒吾创作的《乌巢图》中,齐白石第一次在作品中题写自己作为龙山诗社社长的身份。齐白石在题跋中写道:"乌巢图。光绪乙亥十月初二日。龙山社长齐璜为真吾醒吾庐墓作。"[65]图上并印有一枚"沁园鉴赏"白文收藏印。此件作品与《蔬香老圃图》风格迥异,后者画面饱满,塑造了一个宜居的诗意空间。而《乌巢图》,则以线条取胜,突出物象的形式结构和空间关系,大面积留白,以少胜多,营造了一个空旷寂寥的画面感,与画作主题相契合。齐白石对自我的身份认定在其闲章中比较常见,有些表示自勉,有些代表自称甚至自嘲,但相比于胡沁园和陈少藩给他起的"齐璜""白石山人""濒生"等,齐白石无疑更重视后者。这是除了父母给的姓名之外,第一次由外人赠予字号,齐白石不仅欣然接受,而且一直使用。

对齐白石来说,这不是一次简单的名号更换,也预示着他被别人的接纳和认可。在齐白石自述中,多次提及被拒绝或被否定的事情,包括因为身体瘦弱无法帮助父亲做田里的活。在其父亲的建议下,想办法学一门手艺,于是跟随本家仙佑祖叔学粗木作,主要是做大器(相对于"小器"),需要抬大木,齐白石力气不够,无法胜任,被仙佑祖叔说"太不中用了",又被"遣送"回来。此后,跟随同乡本家刘长龄学粗木活,却被做细木工的人瞧不起,等等。但在胡沁园这里,他不仅可以重新读书、写字、画画,更重要的是获得了从未有过的尊重。胡沁园、陈少蕃赠予的字号,成为齐白石的一个新的身份认证标签,以此行于世,似乎就可以与此前的"粗木匠"身份区分开来。如果说,这次字号赠予还是长辈对晚辈的提携和关照,那么被推举为龙山诗社社长,则代表了"同辈"人对齐白石的认可和推崇。通过齐白石的回忆,我们无法获知当时齐白石对"龙山诗社社长"这一身份的态度,他是否会像一般人那样以此为荣,广而告之呢?因为当时的龙山诗社属于民间私自组织的小团体,其影响范围有限,一般不为外界所知。所以,我们也无法从更多渠道获得这方面的信息。但是,在齐白石的绘画中,却出现了这样的信号。除了上文提到的《乌巢图》,还有一组创作于1902年的《山水四条屏》,分别为"白云红树""枫林亭外""万梅香雪"和"当门卖酒"。在"当门卖酒"中,齐白石题款最多,曰:

> 燕子飞飞落日斜,春风不改野桥花。十年壮丽将军府,独树当门卖酒家。为郭五人漳画山水并题旧句。光绪庚子仲秋,辅公老伯司马大人以书附纸索璜画。越明年暮春,公没。又明年季秋,璜就柏荫山房选绝句画此六帧,以奉服邹五弟世大人两正。龙山社长兄齐璜白石草衣并记。**66**

这里提到的"辅公老伯司马大人"就是指胡沁园的本家胡辅臣,他应该是在胡沁园家与齐白石相识的,后来他的儿子胡石庵也跟齐白石成了诗友,参加了龙山诗社和罗山诗社的交游活动,但胡石庵并不是"龙山七子"之一。从这里也可以看出胡辅臣与齐白石的交往。也同样是在1902年,齐白石创作了《吟江话月图》,这幅作品是系列作品之一,该系列其他的作品还有《老屋秋声图》《巴湖春水图》《嵩岭卧云图》。根据齐白石在《老屋秋声图》上的题跋**67**可知,这几件作品创作于他即将离开湘潭去西安前，齐白石与友人惜别，(或一行人)第十一次来到吟江，齐白石以画记之。《吟江话月图》上有题款：

> 吟江话月图。龙山樵长。万柳如烟一叶舟，嗟余与子发诗愁。来生何处更今夕，不负月明未白头。龙山诗长补题。[68]

对于即将进行的第一次远游，齐白石知道短时间内无法与家乡的师友见面，所以特地作此次道别。吟江位于湘潭涓水中上游，在齐白石老家的西北方向，直线距离超过40里，相对胡沁园而言，吟江离齐白石后来的老师王闿运家要近。这几幅画既有描写书屋，也有描绘田园和大自然风景。《吟江话月图》描绘了一群人乘舟江行的画面，十月的秋思季节，更增加了画面浓郁的依依惜别之情。"龙山樵长"和"龙山诗长"中的"龙山"很可能就是指"龙山诗社"的龙山。因齐白石为该社社长，所以使用并无不妥。但是有一点需要着重注意，前两件出现"龙山社长"或"龙山诗长"的画作，分别是齐白石为罗氏兄弟和胡石庵的父亲胡辅臣创作，前者是龙山诗社七子成员，胡石庵作为社外成员可能参与到龙山诗社的雅集。更肯定的是，胡石庵是后成立的罗山诗社成员。1902年创作的这件《吟江话月图》，齐白石并未说明与谁话别——是不是龙山诗社成员不得而知。从地理位置上看，吟江所在位置，比1899年拜师王闿运之前所活动的距离都远不少，所以，齐白石来吟江话别之人，很有可能不是龙山诗社成员。倘若果真如此，那么现在看来，齐白石在使用"龙山社长"身份的时候就没有特定的对象约束。

相对来说，"龙山社长"的称谓在齐白石所有的作品中是少见的。北京画院藏有齐白石的一方"龙山社长"的印章，白文，无年款。结合齐白石使用"龙山社长"或"龙山诗长"称谓的频率来看，这方印章很可能篆刻于1900年前后，因为在这段时间里，齐白石多幅画面的题跋中都出现了"龙山"(如表1所示)。

表1   齐白石在作品题跋中使用"龙山"的统计

作品名称	类别	年份	款题	印章	收藏
《龙山七子图》①	绘画	1894年	龙山七子图七子者：真吾罗斌。醒吾罗义。言川王训。子诠谭道。西木胡栗。茯根陈节暨余也。甲午季春过访时园。醒吾老兄出纸一幅。属余绘图以纪其事。余亦局中人。不得置之度外。遂于酒后驱使山灵以为点缀焉。滨生弟齐璜并识	齐伯子（白文）名璜别号濒生（朱文）求真（白文）	私人
《乌巢图》②	绘画	1899年	乌巢图。光绪乙玄十月初二日。龙山社长齐璜为真吾醒吾庐墓作	沁园心赏（朱文）	中央美术学院
《山水四条屏》③（《白云红树》《枫林亭外》《万梅香雪》《当门卖酒》）	绘画	1902年	《白云红树》款题：我亦人称小郑虔。杏衫沦落感华颠。山林安得太平老。红树白云相对眠。题冯此山先生所画白云红树图近作	臣璜之印（白文）濒生（朱文）	私人
			《枫林亭外》款题：枫林亭外夕阳斜。老大逢君更可嗟。记否儿时风雪里。同骑竹马看梅花。枫林亭逢朱大旧句	臣璜之印（白文）濒生（朱文）	

作品名称	类别	年份	款题	印章	收藏
《山水四条屏》③（《白云红树》《枫林亭外》《万梅香雪》《当门卖酒》）	绘画	1902年	《万梅香雪》款题：偶骑蝴蝶御风还，初雪轻寒半掩关。绕屋横斜万梅树，却从清梦悔尘寰。安得蒲团便是家，冻梨无己鬓霜华。坠身香雪春如海，天女无须更散花。自题万梅家梦图二绝句	臣璜之印（白文）濒生（朱文）	私人
			《当门卖酒》款题：燕子飞飞落日斜，春风不改野桥花。十年壮丽将军府，独树当门买酒家。为郭五人漳画山水并题旧句。光绪庚子仲秋。辅公老伯司马大人以书附纸索璜画，越明年暮春，公殁，又明年秋季璜就柏荫山房选绝句画此六帧，以奉服邹五弟世大人两正。龙山社长兄齐璜白石草衣并记	臣璜之印（白文）	
《吟江话月图》④	绘画	1902年	吟江话月图。龙山樵长。万柳如烟一叶舟，嗟余与子发诗愁。来生何处更今夕，不负月明未白头。龙山诗长补题	臣璜（白文）濒生（朱文）阿芝（朱文）齐山人书画记（白文）	故宫博物院

作品名称	类别	年份	款题	印章	收藏
《行书四条屏》⑤	书法	约1895—1900年	元和比出屠龙客，三断苇编两毛白。黄尘草树徒纷披，几人探得神仙格。青衣小儿下玉京，满天星斗两手摘。胸中旁魄银河涌	璜印（白文）	不详
			驱出镜鲸嗔霜雪。逸气似与秋天杳，辞锋忽划青云裂。刺空一剑断晴霓，齐梁妖孽皆□泣。上帝俄惊久不来，恐向尘寰覆迷辙。赤虬嘶		
			入造化窟，千丈虹光绕明月。人间不复见奇才，白玉楼头耿光洁。自此雄文价益高，翠华灼烁紫霓掣。我生不幸不同时，安得纵横鸷清绝。思		
			君岳岳矫首立，扣破元关天地绝。忽惊凤鸟入寮廊，恍惚浑疑见颜色。车声嗜管缥缈间，乱霞颠倒无踪迹。六龙骐翼夹秋日，神鼎俄空铉华碧。丹霄盘薄冠元精，纵有新诗招不得。烟凄冻兮锁瑶台，望王孙兮去未还，瑛瑛玉树生瑶阶。有瑶花兮花不开，仰天三叹天无语。万里长风酒一杯。服邹五弟属书。龙山社长兄齐璜		

作品名称	类别	年份	款题	印章	收藏
《龙山社长》⑥	篆刻	不详	龙山社长	白文	北京画院藏

资料来源：

①《龙山七子图》：敖普安、李季琨编，《齐白石辞典》，中华书局，2004年9月版，第179页。

②《乌巢图》：敖普安、李季琨编，《齐白石辞典》，中华书局，2004年9月版，第188页。

③《山水四条屏》：原为6件条屏，现仅存4件。敖普安、李季琨编，《齐白石辞典》，中华书局，2004年9月版，第190页。

④《吟江话月图》：北京画院编，《胸中山水奇天下——齐白石山水画精品集》，广西美术出版社，2018年9月版，第72页。

⑤《行书四条屏》：敖普安、李季琨编，《齐白石辞典》，中华书局，2004年9月版，第382页。

⑥《龙山社长》：北京画院编，《齐白石三百石印朱迹》（上下），广西美术出版社，2010年1月版。

　　表1所列或并非齐白石在作品中使用"龙山社长"或"龙山诗长"的全部。从现有可寻之迹看，"龙山社长"或"龙山诗长"的称谓在齐白石绘画、书法和篆刻中都有出现。其中，绘画作品以山水画为主，但绘画的主题一般都与特定人物相关。齐白石的人物画作品中暂未发现此现象。齐白石曾于1906年画了一幅《赐桃图》赠送给罗晋卿，画上题款曰："赐桃图。龙山社侄齐璜画以寿晋卿老伯。时光绪丙午冬十月。"[69]其他尚未见。书法作品和篆刻各一件，创作时间皆不详。敖普安认为，此件书法与同一时期所作对联"松阴半榻有山意，梅影一窗移月来"相比，从精熟角度来看，似应更早。当系齐白石33岁至38岁所书[70]，也就是在1895年至1900年。另外，"龙山社长"白文印章尚未见齐白石在任何一件现存作品中使用过，这似乎有些不合情理。虽然从1894年到1902年期间，齐白石使用最频繁的是"濒生""白石草衣""臣璜之印"，但不可否认的是他有很多机会使用"龙山诗社"这个称谓。因为，在胡沁园处学习，齐白石身边

要么是龙山诗社的成员,要么是罗山诗社成员,两个诗社重叠的人不少,而且经过多年的相处,彼此都亲密无间;既然众人推举齐白石为社长,在一定程度上也说明他得到了别人的尊重。齐白石需要考虑的,可能是自己在作诗方面的真才实学能否服众的问题。

除了"龙山社长"这个具有标志性的称谓使用显示了齐白石对诗社团体的认同,还有一个细节也隐约透露出他的这种心理趋向。齐白石在回忆那段时间频繁参加诗社活动时,特别是在提到"龙山诗社"的时候,齐白石会下意识地在此前冠以"我们"两字;而同样作为罗山诗社成员的他,在提到罗山诗社的时候,却并没有这么做。"我们"是主体间的共同体表述概念,暗示了齐白石从主体"我"出发延伸到另一个"我",以此形成一个可以开展一定"对话"的共同体结构。

当然,不管是龙山诗社还是罗山诗社的成员,都可以通过使用"我们"为主体找到归宿,也就是说,"我们"一词和"共同体"是共享的。但齐白石通过"我们"的选择性使用,暗示了他对龙山诗社的亲近。齐白石在回忆1895年成立罗山诗社时说道:"我们龙山诗社的主干七人,和其他社外诗友,也都加入,时常去作诗应课。"[71]1897年,黎松安家建筑了一座新的书楼,罗山诗友们就改到了这里集会。此时,齐白石又提到"我们龙山诗社的人,也常去参加"[72]。这里的选择就比较明显。在龙山诗社和罗山诗社之间,齐白石无疑是站在龙山诗社的角度向外看。"我们"一词已经在龙山诗社内部形成了完整的统一,可以一致对外,具有主体的合法性、认同性和指向性。齐白石在自述中下意识地使用"我们",也正说明了他对龙山诗社的主体认同。正如上文所言,其他社员也可以使用"我们",但谁都没有齐白石的使用更具正当性,这一正当性恰来源于齐白石"龙山社长"的头衔。按照常理来说,作为一社之长,齐白石在社外是完全可以代表龙山诗社的。齐白石是否在诗社的实际活动中担当起了龙山社长的职责,抑或真如王仲言所说只是"应个名而已"我们不得而知;在他的回忆中,也没有关于他参与组织过诗社相关活动的记载。但这不影响齐白石在心理和语言层面上对"社长"和诗社共同体的认同。

齐白石的回忆，离事发已经过去了近半个世纪，但他对"我们"这一主语的选择性使用，说明了他潜意识中无法割舍与龙山诗社之间的特殊关系。这种特殊关系是在个人与集体、主体与主体间之间做出了多种选择的结果。而"龙山社长"这一优先获得的头衔，为齐白石在龙山诗社内部或外部、在当时或半个世纪之后的身份选择赋予了合法性和正当性。但需要留意的是，这种来自外界的"正当性"与齐白石身上来自家族的属性（务农）之间或许存在一定的冲突。一是在齐白石被推举为社长，并非因为诗比别人更好，而是因为年长。二是务农出身的齐白石，与这些"弋取功名"的子弟之间本身就存在一定的社会差异，不管是从物质上还是精神来说，齐白石都时刻铭记这样的事实。至少从这两个方面看，齐白石的"龙山社长"身份的合法性是禁不起反驳的。从齐白石的自述中我们得知，既然大家都附和了王仲言的话，那么反对的声音应该是有限的。虽然这种声音可能因为年长或王仲言话语的权威性而消减。齐白石深谙自身的实际分量和立场。他没有在回忆中提到龙山诗社组织的活动，或许我们可以猜想，当时的齐白石选择低调行事，正如其对"社长"印章的使用态度。但同时我们也可以推测，与外部的低调行事相反，在齐白石内心，"龙山社长"或者作为龙山社成员的身份在不断固化：一方面，推动他参与诗社内外的活动，另一方面增强他的自信心，缓和在他身上一直存在的身份冲突。所以，在多年后的回忆中，齐白石下意识地使用"我们龙山诗社"也可以佐证这一点。

在作诗方面，对齐白石影响最大的可能是1904年他"受邀"陪同其师王闿运游南昌发生的一件事。晚上，王闿运召集学生一起，兴致而来的时候，王师提议说："南昌自从曾文正公去后，文风停顿了好久，今天是七夕良辰，不可无诗，我们来联句吧！"[73]于是乎，王闿运出了"地灵胜江汇，星聚及秋期"，但齐白石和同门都未联上。齐白石对此耿耿于怀，自那以后，觉得自己在作诗这方面尚欠缺不少，"怎么能够自称为诗人了呢"，并把借山吟馆的"吟"字删去了。[74]数年之后的1915年，当胡廉石携《石门画册》向齐白石索题诗的时候，齐白石道出了当初没有题诗的原委。他说："余友胡廉石以石门一代近景拟目二十有四，属余画为图册，此十余年前事也，未为题句，盖壬寅[75]后不敢言诗。乙卯冬，廉石携此册索诗来借山，黎鸥依已先我题于图册之上，不禁技痒，因补题之。"[76]从现在看，"龙山社长"这个称谓，最后一次出现在1902年。从十年后齐白石的回想看出——虽然对事件发生的年代记忆有误，但他对整个事情的原委却记忆犹新。那么，弃用"龙山社长"这一身份称谓是否与1904年的那次遭遇有关呢？

无论如何，从1894年到1902年，齐白石画作中数次出现"龙山社长"身份，说明这个时期，齐白石对自己具有一定的身份追求和认同，有了团体和价值归属。所以我们看到，齐白石与包括罗氏兄弟在内的"龙山七子"交往较为密切，除了数次为罗晋卿绘画，还为其子罗醒吾画《洞箫赠别图》，创作地点也是罗醒吾家里。另外，齐白石还曾给罗醒吾的内兄谭子荃画过一幅人物画，构图与《洞箫赠别图》较为接近，尤其是人物之间的组合关系和情态，显示了两幅画之间的密切关系。虽然齐白石的诗作水平大家还不敢太过恭维，但鉴于他年长和具备一门绘画的手艺，他还是能够在文人群体中获得一定的尊重和互动。透过他在画中的题跋，如"受业""世侄""世伯"等敬语，显得齐白石在处理人际关系方面非常谦恭和谨慎，同时也说明了彼此间关系的不一般。

虽说龙山七子，但往来于诗社的人远不止七个人。据齐白石回忆，还有黎松安、黎薇荪、黎雨民、黄伯魁、胡石庵、吴刚存等人。或许是因为诗文的气氛愈加活跃，所以在龙山诗社成立第二年，即1895年的时候，一群诗友就在黎松安家里又成立了一个诗社，名为"罗山诗社"，如此就达到间接"扩编"的目的，由社团变成了大社团。上文也提到，王仲言、齐白石都曾受邀到黎松安家里教书和画画，早已与黎松安结下了深厚友谊，彼此还在刻印上找到共同兴趣。这次组织诗社，也可以说是志同道合。罗山诗社的成立，为齐白石的第二个人际圈的形成打下了基础。在龙山诗社成员中,多数与胡沁园有密切关系,如罗醒吾是胡沁园侄婿,谭子荃是罗真吾的内兄,胡三立是胡沁园的侄子,还有王仲言是胡沁园的外甥。由此可见一斑。罗山诗社成员也有几位与胡沁园有关,但不如前者密切。齐白石通过龙山诗社的人际关系结识了黎松安,并由胡沁园的本家胡辅臣介绍到黎桂坞家里画像。胡辅臣即胡石庵的父亲。黎松安与黎桂坞也是本家。正如上文所言,黎氏家族在清代的湘潭属于望族。黎桂坞的父亲即黎培敬,一生清廉,曾任贵州巡抚,后擢任江苏巡抚,谥"文肃"。即便到了20世纪,黎家后代依旧出了不少人才,黎松安之子黎锦熙就是其一,他不仅是齐白石的忘年交,更是中国著名的汉语言文字学家、教育家。在黎桂坞家,齐白石认识了他的两位弟弟——黎薇荪(承礼)和黎铁庵(承福),再加上黎松安,他们在一起切磋篆艺,三人对齐白石刻印技艺的提高帮助很大,更让齐白石有机会接触到丁敬、黄易精拓印,篆刻精进。由此可见,当时的诗社到底要不要始终以作诗、吟诗为主题已经无关紧要了。至少在齐白石后来的自述中,关于诗的事件和主题被淡化,留下的反倒是与篆刻有关的各类轶事,以及一连串刻骨铭心的人名。当然,齐白石与他们之间的交往,如果单纯以某一主题为纽带,或就事论事,恐怕也难以维系长久。在他的自述中,例如是谁介绍他认识郭葆生的,齐白石并未道出名来,大有可能是忘记了。与龙山诗社的成员相比,罗山诗社涉及的人群更广,尤其是黎氏家族,让齐白石有机会获得更多关于绘画、篆刻等以往难得一见的宝贵资源。其中,更值得一提的是张仲飏。齐白石在自述中着重提及这个人,说他是在罗山诗社成立后新结识的一位诗友。上文提过,他的出身与齐白石相似,以前做过铁匠,后来勤奋读书学诗,得到王闿运赏识扶持,先于齐白石拜于王闿运门下。据悉,正是张仲飏向王闿运引荐了齐白石,让齐白石的人生再次出现了一次转折的"机遇"。但这也都是后话。对齐白石或者绝大部分人来说,未来就是尚未到来,是个未知数。当我们回头看的时候,要么有惊无险,要么后悔莫及;当无法改变过去和预料未来的时候,做好当下是最好不过的选择。齐白石35岁之前尚未到过城里，并不是城市对他闭门不开，而是他尝试把握好眼前的人情世故，处理好个人得失与集体利害的关系，包括家庭、师友、雇主等。所以，尽管他在现实中的活动范围有限，但在他的长期经营下，人世的"门"始终是向外开放的。张仲飏或许就是那个启门人，至少在齐白石看来如此。关于张仲飏与齐白石的交往将在下文中详述。

第四节

从地理认知看齐白石早年的
人际交往

结合齐白石的回忆、有关文献记载,我们可以从地理的角度重新梳理一下齐白石的交往网络。正如上文所言,齐白石在自述中特别提到35岁之前没有去过城里的历史事实。在封建自然经济时代,尤其是经济欠发达地区交通不畅的情况下,个人的出入无疑受到很大影响。何况,齐白石的家里,恐怕出入最勤快的也就是齐白石自己。但在齐白石的自述中,特别是35岁之前的内容,有一个非常明显的特征:地理概念。他在初次介绍某人的时候,往往附带说出是哪里人,或以自己的家作为类比,或选择某个标志性的地点作参照,甚至说出距离数字,给读者(听者)一个实在的想象空间。这样的例子很多,比如:

> 这位周师傅,住在周家洞,离我们家,也不太远,那年他三十八岁。[77]
> 那时,我们师(指周之美)徒常去的地方,是陈家垄胡家和竹冲黎家。[78]
> 我到赖家垅衙里去做雕花活。赖家垅离我们家,有四十多里地,路程不算近,晚上就住在主顾家里。赖家垅在佛祖岭的山脚下,那边住的人家,都是姓赖的。[79]

住在长塘的黎松安,名培銮……长塘在罗山的山脚下,杉溪的后面,溪水从白竹坳来,风景很幽美。[80]

那时,龙山诗社从五龙山的大杰寺内迁出,迁到南泉冲黎雨民的家里。[81]

那时,黎铁安又介绍我到湘潭县城里,给茶陵州的著名绅士谭氏三兄弟,刻他们的收藏印记,这三位都是谭钟麟的公子。[82]

这些师友的地理距离,是相对齐白石的家而言的。以此为起点,延伸到外界,比较出远近关系。对齐白石当时的家境来说,出门基本靠走,所以所谓"四十多里"这样的距离,不能以我们当下驾车、骑行的里程经验评判,当时最多只有水路、旱路两种。作为到处打工的齐白石来说,步行是他唯一的选择,实在丈量不出大概距离,就以某个固定的、人所熟知的山或建筑作参照物。

相比于地理概念,齐白石很少提及与之对应的时间概念,他没有提及到某个地方要多长时间。但可以从他的活动规律做个预测。在齐白石的自述中,我们常读到他说住在某家。比如,齐白石拜胡沁园为师之后就在他家住下了,另外有一次应邀去为黎松安父亲画像的时候也住在他家。不得已"住"在老师或主顾家里,倘若不是亲戚关系,一般都是因为学习或工作时间长、距离远,不适宜往来奔波。在这里,距离远是主要因素。依据现在的大致方位看,齐白石与胡沁园家的直线距离大概28里,距黎松安家25里;与王仲言家相隔一座紫霞山,大概是15里。所以,王仲言家离黎松安家更近,可能在4里路以内。齐白石在胡沁园身边学习的这十年中,去最远的地方应该是黎薇荪所在的皋山,有40里路左右,如果不论其他因素,正常行走要超过5个小时。结合齐白石在自述中的活动地点表述,我们可以看出,齐白石在35岁之前主要活动范围是以家为中心的20~30里以内,尤其是到胡沁园处学习这段时间。若以胡沁园家为中心,亦如此。所以,再比较齐白石更早时候跟随本家齐师傅学习的经历,那时的活动范围要更小。

齐白石人际网络的变化与其涉足的地理范围是相辅相成的,当他言及35岁之前没有去过城里的时候,可能存在两种情况:一是人际网络还没有延伸到城里,二是业务还没有拓展到城里。这里面存在一定的逻辑关系。比如他说:"直到三十五岁那年,才由朋友介绍,到县城里去给人家画像。后来请我画像的人渐多,我就常常地进城去了。"[83]随后,齐白石的表述是:"我在湘潭城内,认识了郭葆生(人漳),是个道台班子(有了道台资格还未补到实缺的人)的大少爷。又认识了一位桂阳州的名士夏寿田,号叫午怡,也是一位贵公子。"[84]从这里看出,齐白石的表述逻辑是"人–事–人"。我们再看此前齐白石拜师胡沁园之后的一段陈述:"我从萧芗陔师傅和文少可那里,学会了这行(画像)手艺,还没有给人画过,听说画像的收入,比画别的来得多,就想开始干这一行了。沁园师知道我这个意思,到处给我吹嘘,韶塘附近一带的人,都来请我去划,一开始,生意就很不错。"[85]

很显然,这些表述的逻辑都是"人–事"。因为,此时在齐白石的观念里,占主要位置的还是"卖画养家",这是他拜师之前胡沁园给他指的方向,在齐白石看来,这更像是一个承诺;不管是学工笔画也好,山水画也罢,只要能兑现就行——不是精神兑现,而是物质兑现。随着齐白石的业务和人际交往的不断展开,他的表述逻辑逐渐由"人–事"转变为"人–事–人"。如果说,"人–事"的逻辑主要解决的是物质问题,那么"人–事–人"所处理的就可能含有更多精神层面的追求。前者,因为齐白石还受到物质困扰,因此他的活动范围以直接的回报为标准;后者因为有了构建人际关系的用意,齐白石的活动范围开始超越地理或具体事件的限制,出现跳跃式的发展。在他的表述中则表现为,之前"地名+姓名"的模式被淡化,转变成为"身份+姓名"。此时,地理概念并没有消失,而是由具体的、小的地理标识变成了抽象的、大的地理范畴,如"县城""城内"等。显然,"城"的概念与"贵公子""大少爷"更加匹配,正如"韶塘"与"寿三爷""财主"相宜一样。但是,并不是说物质层面的需求齐白石就不需要了,相反,却能侧面说明这方面很可能在下意识地被强化了。与之一起被强化的就是地理概念,它们在齐白石的眼里有了附加值。

　　1899年,在跟随胡沁园学习了近十年之后,齐白石经在罗山诗社认识的张仲飏劝导下拜王闿运为师。齐白石在自述中这么说:"那时湘公的名声很大,一般趋势好名的人,都想列入门墙,递上一个门生帖子,就算作王门弟子,在人前卖弄卖弄,觉得很有光彩了。"[86]想必,在拜师之前,齐白石对王闿运是有所耳闻的,并且他的身边应该或多或少有"卖弄"的人,所以他对此颇有微词。或许正因此,当张仲飏劝他拜师的时候他有些犹豫,生怕成为被自己批评的对象。还有一个值得留意的是,此处齐白石提到王闿运的时候,并未像此前提到胡沁园、陈少藩、萧芗陔等老师那样指出他们家的名称或方位,即便拜师之后,也只字未提王闿运具体是哪里人。根据相关文献我们知道,王闿运系湘潭云湖桥山塘湾人。正如上文提到的,相比而言,离吟江比较近,靠湘潭县北,所以距湘潭城也近。齐白石家距离王闿运家的直线距离则超过80里,实际行走的路线要更长。在当时年代,特别是对内陆山区城市而言,交通是一大难题,除非接到特别的邀请或业务需要,否则都会有意缩小活动范围。齐白石不是一般的游手好闲之人,可以到处游玩观赏,他需要挪动脚步的时候一定是需要动手做工或画画的时候。古人有言,父母在不远行。所以齐白石说:"我在四十岁之前,没有出过远门,来来往往,都在湘潭附近各地。而且到了一地,也不过稍稍勾留,少则十天半月,至多三五个月。得到一点润笔的钱,就拿回家去,奉养老亲,抚育妻子。"[87]就算可以在雇主家入住,湘潭县内百里之外的距离,齐白石也是极少涉足的。也就是说,从地理位置上看,尽管要行走近百里的路,齐白石还是听从了张仲飏的劝说,于1899年正月二十日携带篆刻字画见了王闿运,时隔九个月,同年的十月十八日正式拜王闿运为师。

　　以上,梳理了以胡沁园、陈少藩等师友组成的人际群体结构,并以齐白石为线索,延伸到王闿运,看似完整、流畅,其实有一点是被忽略的,那就是胡沁园和王闿运两者之间的关系。在齐白石眼中,胡沁园是个财主,其本人也是当地的名士,而王闿运的名声更大。既然齐白石在拜王闿运为师之前就耳闻王闿运名声,作为当地的名士且年龄比王闿运小的胡沁园,按理说应该比齐白石等人对王闿运更加了解。而且张仲飏等早先齐白石拜师王闿运,又在胡沁园家及罗山诗社活动,肯定会传来关于王闿运的事情。但在齐白石的自述中,却始终没有提到他两位老师之间是否有任何往来,或者彼此评价,留下的只是齐白石这样的中间纽带。那么,齐白石拜王闿运为师,胡沁园、陈少藩等又有何感想?

有一点应该是肯定的,那就是像王闿运这样的名士,对胡沁园这样的乡绅也是有吸引力的,只不过因为种种原因,包括个性因素,彼此绝缘。这或许是乡绅在中国社会的作用。乡绅是中国道统合一最小的可见单位,他们以具体的言行举止下沉到社会的中下层人群中,各居其位,各司其职,发挥价值输出与导向作用,但同时,他们的实际影响又不受地域限制。乡绅之间本可以不产生任何职能范围之外的交往,却可以通过其他途径与外界保持相对一致的平衡,这就是道统合一。胡沁园、陈少藩等人作为乡绅的代表,他们在主动接纳齐白石为学生之前与之后的表达和实际行动,都是在输出他们的道统观念,这些道统观念有可能跟宏大的政治理想无直接关系,却又与每个普通民众都息息相关。如胡沁园、陈少藩在齐白石入门之时就为后者另起字号,以"璜"替代族内辈分"纯"字,以"濒生""白石山人"替换"纯芝""兰亭"。此后,齐白石的"寄园""老萍""萍翁""寄萍堂主人"等基本由"濒生"等衍生而来。在他们的教导下,齐白石开始再读书(主要是读诗、作诗)、写字,似乎在努力让自己更符合传统中国画家的普遍形象和气质,所谓"光会画,不会作诗,总是美中不足"。[88]齐白石自身所携带的勤恳、聪慧、德高的美好品质,让他成为潜在的可塑之才。当齐白石成为"文人序列"中的一员的时候,一旦老师们的教诲得到贯彻执行,那么不仅齐白石与他们的落差会缩小,与其他绅士、学士距离也就更近。在这个"文人序列"中,胡沁园等人给齐白石的启发,除了上文提到的"卖画养家"这样的职业概念,还有就是对文人身份的想象和认可。这种"文人"形象,却没能成为王闿运收纳齐白石为学生的优势。

注释：

1　余英时著，《士与中国文化》，上海人民出版社，2013年6月版，第6页。

2　林增平，《近代湖湘文化试探》，《历史研究》，1988年第4期，第3页。

3　敖普安、李季琨编，《齐白石辞典》，中华书局，2004年9月版。

4　北京画院编、齐白石口述、张次溪笔录，《白石老人自述》，广西美术出版社，2014年10月版，第6页。

5　《白石老人自述》，第11页。

6　《白石老人自述》，第6页。

7　《白石老人自述》，第28页。

8　《白石老人自述》，第30页。

9　《白石老人自述》，第19页。

10　《白石老人自述》，第31页。

11　《白石老人自述》，第52页。

12　《白石老人自述》，第52页。

13　《齐白石辞典》，第178页。

14　《齐白石辞典》，第178页。

15　郎绍君著，《齐白石的世界》，北京时代华文书局有限公司，2016年6月版，第37页。

16　刘振涛、禹尚良、舒俊杰编，《齐白石研究》，湖南师范大学出版社，1994年4月版，第152页。

17　《白石老人自述》，第54页。

18　朱万章《明清肖像画的源流、功能、演进及其他》，《中国国家博物馆》，2020年第7期，第41页。

19　黎锦熙、胡适、邓广铭编,《齐白石年谱》,书林书局,1949年3月版,第30页。

20　王森然《齐白石先生评传》(中),《中国公论》(北京),第3卷第1期,第107页。

21　郎绍君《齐白石的诗歌》,载于《齐白石国际研讨会(上)》,文化艺术出版社,2010年9月版,第113页。

22　《白石老人自述》,第54页。

23　《白石老人自述》,第58-59页。

24　此处为农历时间。从王闿运日记中引用的时间,均保留原文,下同。

25　王闿运著,《湘绮楼日记》卷四,岳麓书社,1997年1月版,第2195页。黎锦熙、胡适、邓广铭《齐白石年谱》中断句为"看齐木匠刻印字画,又一寄禅张先生也"。邓广铭认为,寄禅俗姓"黄",王湘绮记成了"张"。王湘绮门下却也有一姓"张"学生,名为张仲飏,是铁匠,还有一"铜匠"曾召吉,所谓王门"三

匠"。本文以《湘绮楼日记》为准,这里的"张先生"为"张仲飏"。

26　《湘绮楼日记》卷四,第2249页。

27　黎锦熙、胡适、邓广铭编,《齐白石年谱》,书林书局,1949年3月版,第33-34页。

28　黎锦熙《齐白石的诗》,见《齐白石作品集·第三集·诗》,人民美术出版社,1962年版,第3页。

29　余英时著,《士与中国文化》,上海人民出版社,2013年6月版,第8页。

30　郎绍君著,《齐白石研究》,人民美术出版社,2014年7月版,第16页。

31　刘振涛、禹尚良、舒俊杰编,《齐白石研究》,第153页。

32　刘振涛、禹尚良、舒俊杰编,《齐白石研究》,第153页。

33　《齐白石辞典》,第186页。

34　《白石老人自述》,第54页。

35　《白石老人自述》,第52页。

36　《齐白石辞典》,第1184页。

37　北京画院编,《越无人识越安闲——齐白石人物画精品》,广西师范大学出版社,2019年10月版,第56-61页。

38　郎绍君从画作的风格和题款上分析,认为这齐白石的早期作品,创作于"光绪十八年",即1892年。

39　《齐白石辞典》,第177页。

40　北京画院编,《胸中山水奇天下——齐白石山水画精品集》,广西美术出版社,2018年9月版,第42页。

41　郎绍君著,《齐白石研究》,第12-19页。

42　郎绍君著,《齐白石研究》,第13页。

43　《白石老人自述》,第56页。

44　《白石老人自述》,第43页。

45　祝慈寿著,《中国工业劳动史》,上海财经大学出版社,1999年12月版,第57页。

46　王继平,《论清代湖南的手工业和商业行会》,载于《中国社会经济史研究》,1988年第3期,第37页。

47　《白石老人自述》,第38页。

48　《白石老人自述》,第36页。

49　《白石老人自述》,第48页。

50　《白石老人自述》,第48页。

51　《白石老人自述》,第54页。

52　《白石老人自述》,第52页。

53 《白石老人自述》,第52页。

54 《白石老人自述》,第104页。

55 郎绍君认为,齐白石在胡沁园处学画期间,还有机会临摹胡师收藏的作品,齐白石早年创作的《花鸟四条屏》"与胡何光晁的风格比较接近——以水墨为主,色彩为辅,笔势奔放,重视动态的刻画"。见《齐白石辞典》,第182页。

56 《齐白石辞典》,第184页。

57 《白石老人自述》,第64页。

58 刘振涛、禹尚良、舒俊杰编,《齐白石研究》,第15页。

59 刘振涛、禹尚良、舒俊杰编,《齐白石研究》,第118页。

60 《白石老人自述》,第61页。

61 刘振涛、禹尚良、舒俊杰编,《齐白石研究》,第159页。

62 刘振涛、禹尚良、舒俊杰编,《齐白石研究》,第161页。

63 刘振涛、禹尚良、舒俊杰编,《齐白石研究》,第161页。

64 《越无人识越安闲——齐白石人物画精品》,第84-85页。

65 在齐白石的早期作品中曾多次出现"沁园心赏""沁园鉴赏"收藏印,不知与乃师胡沁园是否有关。

66 《齐白石辞典》,第190页。

67 《胸中山水奇天下——齐白石山水画精品集》,第66页。

68 《胸中山水奇天下——齐白石山水画精品集》,第72页。

69 《越无人识越安闲——齐白石人物画精品

集》，第106页。

70 《齐白石辞典》，第383页。

71 《白石老人自述》，第59-61页。

72 《白石老人自述》，第64页。

73 《白石老人自述》，第81页。

74 《白石老人自述》，第81页。

75 1904年为甲辰年，而非"壬寅"，应该是齐白石记忆有误。

76 齐白石著，《齐白石诗画文篆刻集·白石诗抄》，河洛图书出版社，1975年9月版，第4页。

77 《白石老人自述》，第38页。

78 《白石老人自述》，第39页。

79 《白石老人自述》，第48页。

80 《白石老人自述》，第58页。

81 《白石老人自述》，第61页。

82 《白石老人自述》，第66页。

83 《白石老人自述》，第64页。

84 《白石老人自述》，第64页。

85 《白石老人自述》，第54页。

86 《白石老人自述》，第65页。

87 《白石老人自述》，第75页。

88 《白石老人自述》，第54页。

第三章
齐白石
与『后湘军时代』

晚清湘军，因时因需而起。1864年，湘军镇压太平军后，曾国藩主动上书要求裁撤湘军，十多万将士在短时间内返回他们的原籍。由于曾国藩提倡的优待政策，这些将士通过参加湘军，功名、利禄双收，返乡之后成为当地"新式绅士"。本章的"后湘军时代"，主要考察这批晚清湖南"新式绅士"的形成和发展对当时社会整体阶层和结构变化的影响，以及对普通民众产生的作用。从齐白石的中年——主要是拜王闿运为师之后的交往人员看，重要的、主要的交游对象与"湘军"都有密切关系，如齐白石的挚友也是他成名的主要推手，夏午诒和郭葆生等人，他们的父辈、祖辈都有直接或间接参加过湘军，可谓祖荫在身。而王闿运更是自20岁就接触了曾国藩并长期与湘军集团其他高层保持密切联系。但王闿运本人始终未得到湘军集团重用，失意于科场，最终决意回到湖南本地，主要活动于湘潭、桂阳、长沙等地。这些特殊"湘军"群体为齐白石的人生和艺术发展提供了难得的契机，成为他成功背后一股潜在的、无法忽视的时代推手。

第一节
湘军与"新式绅士"的出现

在晚清以至民国,湖南在中国历史发展道路上烙下了深刻的印记,尤其是各个阶层、不同领域社会人才的不断涌现,着实让后人惊叹。湖南在道咸之前,通过传统科举入仕的人才寥若晨星,尤其是跟同时代的江浙相比。但是这一形势在晚清,具体来说是太平天国运动以来,出现惊人的扭转,湖南大地上走出的人才逐渐为人知晓,身居要职的人比比皆是,成为晚清中国社会上不可忽视的现象。最广为人知的是经清政府界定的、以湘军舵手曾国藩为首的"中兴名臣"。"中兴"二字也从侧面反映出晚清湖南在中国历史上的崛起。这样的兴起不是个别现象,也不可能是独立的,它因事而起,因时而迁,因势而变。晚清以来对人才的认知也在这些历史涌动中不断发生偏移,尤其是在湘军中出现的人才,让我们不得不思考:晚清以来社会的人才是什么样的形态? 政府、大众以及各种利益集团是在何种程度上对人才进行认可的?

在中国传统观念中,类似齐白石这样的农村画家,是很难被认定为栋梁之材的。更何况,他还缺乏进入政府或与之密切合作的经历。但事实是,齐白石确实从晚清的风云社会中走出来了,而且逐渐为社会所接受。可以肯定地说,齐白石与传统观念中的"人才"有较大的差异。中国古人把社会群体分为"士农工商",无疑,首位的"士"既是社会首先认同的特殊身份,更是处于金字塔顶端的稀缺人才。从整体来看,士对农、工、商起到了教导、管理的作用。但随着科举制度的不断下沉,后者与前者之间的关系也变得更具有弹性。士的势力和影响力在某种程度上可以直接触及农、工、商,这就是士在中国社会阶层中的特殊结构——士绅。学而优则仕,这里的"仕"不比"士"的含义丰富,范围也相对狭隘。仕,作为寒门、贵族抑或其他阶层共同争夺的目标,必然造成供需关系的失衡。或许正因此,"仕"的含金量和性价比是其他所有的物质都无法超越的。它仿佛虹吸效应,源源不断,在这种严重不平衡的动态中保持了均等的竞争关系。也就是说,争夺"仕途"的人们,在看似不断完善的科举考试制度中获得了心理平衡。因为,这种制度的合法性和权威性为"仕"做了无法被挑战的背书。这种影响直接深入到人们的意识和文化基因中。几乎社会的所有资源,虽然不一定最终用于士阶层,但分配过程一定受到科举考试制度影响。用布迪厄的理论来说,科举考试如同社会的一个文化场域,随着这个场域的固化,形成了符合这个场域的人群及其生活方式、思维方式、心理结构。在这个大的社会场域中,子场域会不断出现和丰富,将社会各个层面的资源分门别类地在社会这张"地图"上呈现出来,如教书的私塾,农耕的田地,考试的典籍,无形的机构、阶层和身份地位、收入等等,如毛细血管延伸到目光和思想难以企及的细微地方,却可能积蓄整体能量。

出现在晚清社会的太平天国运动恰是这个场域凸显的一环,它带着新的世界观、人生观,试图改变这个社会原有的平衡状态,建立新的文化场域。在前期,它的联动效应确实明显,引起了清政府的高度重视。曾国藩领命团练,成立了湘军。湘军从无到有,或者说,从微小到壮大,从民间到政府的身份转变,并非缘于湘军本身,而是清朝自有军队绿营在晚清社会的式微导致的。团练在明代以来就时常出现,它往往是因为偶然事件被允许存在,但没有一次如晚清湘军一样持久、成绩卓越。曾国藩领导的湘军在成功镇压太平军的事实上无可争辩,但这并不意味着太平军消失、太平天国运动覆灭之后社会就当自然恢复到原有的样子。不仅这种被改变的社会场域无法复原,因此而产生的新的社会场域很可能持续输出能量。

曾国藩的湘军之所以能够优越于清政府自有军队,其中一个原因是他对人才的认识和使用不同以往。特别是在军队这一特殊的领域,曾国藩打破了军队"武"的性质,而代之以"文"。这里的"文"有两层内涵。其一是获得了一定社会功名之人,在社会上具有一定的认知度,具有笼络人心、军心的身份地位和权力作用。从内部看,这类人又可以分为两个阶层:一是进士、举人、贡生。他们之所以特殊,是因为政府将从这三类人中遴选官吏。二是生员,他们是最低一层的士绅,但是他们必须通过乡试、会试才能进阶到举人和进士。从政治地位和经济状况来看,许顺富把中国士绅分为上、下两个等级,"一般来说许多通过初试考试的生员、捐监生以及其他一些较低功名的人都属于下层绅士,上层绅士由于学衔较高的以及乡居退职的官僚和通过捐纳、保举、军功获得官职衔的绅士组成"[1]。上层绅士向下容易,向上则越来越难。这也就造成了上层绅士在数量上要远远低于下层绅士。但在社会资源和能力范围上,前者是后者难以企及的。由于上层与下层之间的通道始终是开放的,因此在正常情况下,社会是处于一种平衡状态的。其二是与明确的社会身份相比,"文"要抽象一些,即人才的个人涵养和修养是否能够获得认可。这种要求在湘军突起的特殊环境中越来越成为非常现实的问题。如在征兵方面,曾国藩就取消了清政府一贯兵制,"用招募代替世兵,建军的时候,专募农民为兵,招书生为将"[2]。这里所谓世兵制,是指绿营的兵一般都通过世袭得来,如父在伍,那么子则为余丁,军队人数不足时,则由后者补充。这种制度在一定程度上为军队的数量提供了保障。而且因为世袭的关系,绿营的兵对世兵体制及对军队的认知都相对成熟,利于培训和管理。但这种制度到后期弊端丛生,经过太平盛世的养尊处优,军队逐渐丧失了战斗力。曾国藩深刻认识到这一点,因此他提出了招募的制度,而且选择了农民作为主要力量。与此同时,遴选具有社会功名的人作为将领,组成了文武相结合的军队结构。据罗尔纲研究,当时湘军中,从出身来看,"只有三人待考,其可考的一百七十九人中,书生出身的为一百零四人,即占可考人数中58%,其武途出身的七十五人,即占可考人数中42%,可见湘军将领的出身书生较武途多"[3]。若从岗位与出身的关系上看,军中几乎所有重要职业都由书生担任,而武途出身的人,所担职务的重要性则弱很多。曾国藩并非想通过组织湘军改变清朝绿营的原有军队制度,相对而言,在湘军中进行新的人才化管理更像一个试验场。不同的是,这个试验场就是战场,一旦使用欠妥,有可能大局失控。从效果来看,湘军的这种人才观念和使用在当时产生了积极效果。任何一场战争的胜利都不单是敌对双方军队装备的问题,更多还要看位居要职的主体指挥能力。

或许,战胜太平天国的直接获益者是清政府,但同时获得更大利益的是以湘军人才为代表的晚清湖南人。湘军中的士兵除了主要出身农民,还有一个现象同样不能忽视,那就是他们之间的关系——将与将、兵与兵及将与兵皆是亲朋。曾国藩在组织湘军水师的时候对朱尧阶说:"水手须招至四千人,皆须湘乡人,不参用外县的,盖同县之人易于合心故也。"[4]罗尔纲直截了当地指出:"湘军就是这样地利用同乡、师生、亲戚等等封建关系进行联系的。同时,又以升官发财作为共同奋斗的目标。"[5]我们当然可以预想到这种用人唯亲的人事方式最终必然会带来负面结果,但在湘军存在的前期这种弊端并未明显地表现出来。相反,得益于清政府对湘军镇压太平军的急切渴望,以及曾国藩对部下的关怀有加,"为了迅速平定太平天国起义,调动湘军的积极性,对于立功士兵的保奏莫不打开方便之门,毫不吝啬地赐予官职虚职"[6]。为此,众多湘军集团的人直接得到政府重用或物质补偿,其中官至总督和巡抚的各有13人,其他文职包括布政使、按察使以及武职提督等要职人员超过143人。[7]如来自湖南宁乡的增生刘典,世代务农,至他开始好学读书,曾在晚清湖南著名的岳麓书院和城南书院读书,获得增生。之后他参加湘军,在左宗棠麾下,其因英勇好战屡次立功,得到左宗棠重用,并得到保荐,于1862年被委任知府,此年刘典42岁。后又改任浙江按察使,1868年升任陕西巡抚,可谓盛极一时。而与刘典经历相仿,同样是出身诸生的李兴锐,他的发家亦从参加湘军开始。1852年太平军进攻长沙的时候,李兴锐还在家乡浏阳本地。1870年被任命为直隶大名府知府,从四品。太平天国之后曾任广西布政使和江西巡抚。1903年、1904年相继任闽浙总督和两江总督。虽然李兴锐的谋官之道不乏"跑官"[8]的嫌疑,但若没有参加湘军,他想走出浏阳并进入仕途并非易事。尤其还得到曾国藩的直接提携,使他前进的阻碍少了很多,官运亨通。出身为勇目的湘潭人郭松林,因跟随湘军参与镇压太平军和捻军有功,荣赐黄马褂,后获授直隶提督,等等。据何炳棣研究,"除大力平定太平军的湘军统帅曾国藩外,与湘军有关者182人留下传记资料。这182人中,有2人官至大学士,晋升侯爵;25人官至总督和巡抚;17人官至布政使和按察使;5人虽未授官职,但获授同等官品;37人成为提督和总兵;10人未实际任此等官,但获授同等官品。其他人,除了一小部分外,都位至中等官品文武官。"[9]这获得晋升的182名人员在参加湘军之前的身份如表2所示。

表2 获得晋升的人员参加湘军前的身份

起家身份	人数
进士	8
武进士	1
举人	10
武举人	3
贡生	7
生员与监生	31
末牟(下级军官)	5
未有功名	117
共计	182

资料来源:何炳棣著,徐泓译注,《明清社会史论》,中华书局,2019年9月版,第279页。

由低功名或没有任何功名在仕途上得到晋升,甚至跻身巡抚乃至总督,在普通的科举仕途中是凤毛麟角,必须经历非常人的努力。而且,即便通过正常的科考获得了功名,对于刚踏进官场的年轻士子来说,若想官至巡抚、总督,非要过人的政治头脑不可得。但这种现象在湘军集团中却并不稀奇。哪怕位居不高者,能获得知府、布政使、按察使的官衔也并不是一件憾事,足可荣归故里了。1864年,当湘军击败了盘踞在南京十年之久的太平军之后,湘军的统帅曾国藩随即作出了裁撤湘军的决定。虽然在裁撤的数量上有待讨论,但不管是营内还是营外,在短短近十年的时间里,湘军集团已经培养出一大批新的政府人才。这些人才以这场国内战役为清政府解除了统治忧患,同时"弯道超车",走上了功名仕途。也正是在这一年,齐白石在湖南湘潭出生。

明清时期,湘潭曾有过一段相当长的繁华阶段。鸦片战争之前,广州是中国唯一的通商口岸,而内陆湘潭地处水路要道,加之长沙水道不便,造就了湘潭独一无二的地理优势,成为湖南重要的经贸中心,有"小南京"和"金湘潭"之称。鸦片战争之后,随着上海、汉口等通商口岸的陆续开放,湘潭原有的交通地理优势被削弱,湖南境内的经贸中心逐渐由湘潭转到了长沙。在齐白石的自述中,儿时的湘潭印象主要是他出生的周围,既没有历史文献记载中的繁华景象,也没有表现出多少复兴的迹象,而这离鸦片战争仅仅20年。19世纪50年代爆发的太平天国运动,几乎抵消了湘潭过去积累的所有繁华和富裕。虽然齐白石没有经历或参与这场运动,但很显然,齐白石前半生都将在此影响下,与湘潭及这个时代产生直接或间接的关系。

裁撤湘军并非整体而是局部,并非激进的而是渐进的。这个过程中,被撤人员陆续解甲还乡。这个"乡"不是他乡,主要指的就是湖南。也就是说,于此年(1864年)出生的齐白石,他的生活范围将与具有湘军经历的人产生交集。而这类人已经不是离开时的模样,他们要么获得丰厚的物质赏赐,要么得到功名上的提升,更有功名利禄双赢者。正如上文提到的,这些功名利禄是得到政府认可的,也就是说,虽然他们可能更多的是得益于军功,但其功名身份的获得和财富的积累使之可以一朝名列乡绅阶层,有的位阶更高。这无疑对原有的绅士社会结构造成了潜在的影响。不仅是数量或规模上有了很大变化,从绅士本身的社会属性来看也有了变化,而且,后者的潜在影响可能更大。谈到长沙和湘乡绅士社会结构和数量的变化时,许顺富就指出:"军功绅士的急剧膨胀带来了湖南绅士队伍结构的新变化,军功绅士占了绅士阶层的主流地位,而一向占主流的功名绅士则退居其次,从而导致了绅士队伍整体素质的严重下降,领导乡村社会的精英群体的社会功能出现严重弱化的趋势,无法担负起整合乡村社会秩序和经济建设历史重任。"[10]即便我们可以确定湘潭地区的绅士在这方面可能不如长沙和湘乡两个地方变化大,但这种类似的差异一定是存在的。如湘潭人士黄润昌,就很早参加了湘军,进入曾国藩的胞弟曾国荃的皖南军营,后因同治三年(1864年)参与湘军进攻太平军驻守的南京有功,得以官至浙江道员,但他并没有选择赴任。武童出身的谭碧理在当年的裁撤湘军中被简放,回到老家湘潭。虽然,解甲回乡的人并不一定后来都成为许顺富批评的对象,但他的担心也是事实。也就是说,在湘军遵循有序的、选择性的裁撤过程中,一部分人被允许继续留在军营或改任地方官员、封疆大吏,另一部分人主动选择弃戎返回故里。刘典、李兴锐等人属于第一类,黄润昌和谭碧理等人则属于后两类。但是,不管是去是留,他们的身份已经发生了变化,这种变化既得到了官方认可,而且还被乡人接受,成了当地具有显赫功名或战名的"新式绅士"[11]。

太平天国运动之后,清政府为了重振国威,尝试恢复此前的太平社会,为此要求各地重新修撰地方志。湖南无疑是这种政策下最直接的受益者,于是"一时湖南修志成风"[12]。从实际来看,湖南修撰地方志的热情和力度要大于中国的其他地区。"同治一朝的15年中,湘省共有武陵、宁乡、长沙、衡阳、湘阴、巴陵、浏阳、醴陵、桂阳、新化、保靖、桃源、新宁等50多个州县厅编纂了新的地方志。"[13]作为湘军的故乡,以及曾国藩招募乡人入伍的倾向,使得湖南籍湘军人员大大超过别的省份,因此而封官加爵的人数不胜数。同治十三年(1874年)所修《湘乡县志》明确声称："是志之修，义例精严，文辞尔雅，固为有目所共睹，而其大者，尤在于阐扬忠烈，发挥节义，足以励风俗而正人心，且稗官士者亦得征文考献有所遵循焉。"[14]其中既有战死沙场者，也有平步青云者，还有那些返还家乡的人。可以说，经战而生还者既是这次事件的参与者，也是同时被书写的对象。出生于湘潭的王闿运就被邀请参与了《桂阳州志》《衡阳县志》《湘潭县志》的修撰，另外还有一部颇具争议的《湘军志》。除了修地方志，还在当地修建专祠来纪念那些献出生命的湘军勇士。如光绪六年（1880年），在任去世的郭松林就被允许建专祠，谥武壮。这种急速通过文字和建筑等方式将功德者载入史册的心态，显示出晚清湖南人的自信和优越感。由此可见，湘军战胜太平军的影响，已经从激烈的军事竞争转向了地域文化的竞争。从大的方面来说，清政府提出重修地方志，旨在为民众树立统治阶层无可挑战的政治管理和军事领导能力形象。而从社会底层来看，重修县志无疑是本地人文环境重新塑造的难得机会。地方志，本是记载某一地方在历史发展过程中逐渐形成的、较为稳定和特性的综合风貌，上至天文，下至地理，从历史到当代，从物质到精神，从人物到风物，一应俱全。而在太平天国覆灭十多年之后提出重修县志，整治意图明显大于社会本身的变化。也因此，修志的目的显露出来，即修志重在"修人"。不管是《湘乡县志》还是《湖南通志》，这些重新编纂的地方志中比以往多了一章"义勇"，可见"修人"才是这次修志的主要目的。当然，这次社会总动员也不是为了"修人"而"修人"，因为这一群体不是普通的旧人，而是被中国优秀传统文化价值观加持的新人，他们肩负着"阐扬忠烈，发挥节义""正人心"的社会责任。而这些传统的社会责任往往是由被社会认可的士人所承担，如今性质相同的社会责任转移到"新式绅士"身上。"新式绅士"被载入史册，展示了晚清底层社会对传统伦理价值观的持续捍卫，同时为人们敞开了通往"新式绅士"的大门。

第二节

"后湘军时代"——以王闿运为例

在中国古代社会,尤其是底层乡村社会,绅士在其中所起到的上通下达的作用极为明显。在齐白石的自述中,我们也能联想到他对这一阶层的敬畏。他印象中的陈少蕃是湘潭"名士""陈老夫子",胡沁园是"寿三爷""三相公",而王闿运的名声要远远超过他们。齐白石的自述中,基本没有记载与太平天国或湘军有关的事情,不知是故意选择性忽略还是遗忘了,抑或他对此就不知晓。个中原因比较复杂,但有一点比较确定,直到他35岁因为要为别人画像,才有机会第一次到湘潭县城。在这里,他首次接触到了与湘军有关系的两个人物:一是郭葆生(郭人漳),二是夏午诒(夏寿田)。郭葆生,就是上文提到的出身勇目后升任直隶提督的郭松林之子。郭松林本出身社会底层,因参加湘军有功得到朝廷重用,想必后来有条件了将家眷都迁到了城里。夏午诒也不是湘潭人,而是出生于湖南桂阳,早年就跟随王闿运学习,后于光绪十八年(1892年)拔会试第八名,录为户部郎中,官拜山西清吏司行走。但夏午诒并未赴任。这一年夏午诒的母亲龚老夫人不幸逝世,他回乡丁忧三年。后夏午诒又跟随他的父亲来到了任职地山西。夏午诒的父亲是夏时,1864年在湖南乡试中举,后官至江西、陕西巡抚。夏时小时候跟随其舅父陈士杰学习。陈士杰出生于1825年,29岁拔贡生获七品京官。后因丁忧居家,直到咸丰三年(1853年)加入了曾国藩的湘军,1862年得到曾国藩的保荐,擢为江苏按察使(辞任),1871年出任山东按察使(实1875年复职)。

据悉王闿运与陈士杰早于咸丰四年就相识于曾国藩营部[15],时年23岁,一同作为曾国藩幕僚的还有来自湖南的彭玉麟,他比陈士杰尚且长10岁。所以,在这三个人当中,王闿运年龄最小。但是,他却在曾国藩的幕府与陈士杰结下深厚的友谊,而且还成了亲家。所以,1867年陈士杰物色重修《桂阳州志》人选的时候,第一个想到的就是其亲家王闿运。王闿运与夏时相识想必也是因为陈士杰。由此可见,王闿运与陈氏、夏氏两代都有密切的交往,这种关系从19世纪中期一直延续到王闿运逝世的20世纪初,横跨近半个世纪。

也就是说,在齐白石1897年认识郭葆生、夏午诒二人之前,王闿运已经与他们及其父辈建立了长久而深厚的联系,从文学、政治、军事乃至女儿读书等,这个关系网已经较为牢固。而使之成为可能的最重要一点就是晚清以来的湘军人物的异军突起和发展。从上文简单的分析我们就会得知,彭玉麟、陈士杰、王闿运、郭松林(出生年月不详)这四位出生于19世纪初期的人物,都卷入了湘军镇压太平军的事件中,而且因为他们各自的政治、军事和文学能力及其取得的成就,而在社会上得到广泛支持。虽然在时代的大潮中,他们受到的影响相似,但他们在各自人生的发展过程中又表现出不一样的轨迹。这里,王闿运与另外三位有着明显的不同,虽然他们都与湘军集团保持着密切关系,但比较而言,王闿运相对游离于湘军集团之外,而另外三位则相继得到曾国藩的重用,在仕途上都有所得。对此,马积高认为,"王闿运在太平天国期间虽与曾国藩等湘军将领关系密切,多次献策,然始终保持着一定的距离,未被任用"[16]的根本原因在于,王闿运"素不喜理学,虽重经术,而好纵横之计,有闿弛之风"。[17]

实则王闿运的大名早已为人所知。1854年,曾国藩办团练初期,22岁的王闿运就有机会向曾国藩上书谏言,但他的建议最终并没有被采纳。王闿运27岁第一次进京会试期间,还结识了当时的皇亲国戚肃顺,备受优待。第二年,曾国藩被授予两江总督驻军祁门的时候,王闿运又奔赴军营献策,曾国藩依旧没有采纳他的建议。1861年咸丰帝驾崩之际,王闿运曾写信给曾国藩建议他入朝辅佐继位的同治皇帝,以免太后垂帘听政。谏言不被采纳的事情屡屡发生,似乎也让王闿运备感失落。其实,王闿运的这些建议,多次被证明是对的,如若采纳,很可能避免几次战争的失败。想必曾国藩也意识到了这一点,不过尽管如此,王闿运依旧得不到曾国藩的重用。李鼎芳在编《曾国藩及其幕府人物》时,将曾国藩推举的幕宾以表示出,在这25人[18]名单中,李瀚章、李鸿章、李元度及左宗棠分别被荐举三次,彭玉麟和陈士杰赫然在列,各被荐举一次。彭玉麟以布政使衔广东惠潮嘉道资格,被荐举任统领宁国水师(此水师最终并未设立),理由是"管带水师多年,艰苦备尝,任事勇敢,励志清苦,有古烈士之风"[19];陈士杰以道员资格,被荐举为江苏臬司(后来江苏南京失守,曾国藩鉴于陈士杰"沉机有谋",上奏荐举他为江苏按察使),理由是"历著战功,所部士勇精悍得力"[20]。归纳一下被荐举的这些幕府人物主要有三种考虑:一是能吃苦耐劳。"苦"和"劳"在荐举理由("考话")中出现频率最多,如李元度"备尝艰苦,百折不回",李鸿章"在军日九九著懋劳",左宗棠"钢明耐苦",黎庶昌"笃学耐劳"等。二是军事能力突出,战功显著。除了陈士杰,左宗棠也被认为具有出色的军事才能。三是学识渊博、品行端正。如李瀚章"品端才裕""博览群书""才识宏远条理精详"等。以上三者并不能概括曾国藩的全部用人之道。关于用人之道,曾国藩有过一段经典的论述:

> 大非易辨,似是之非难辨。窃谓居高位者,以知人、晓事二者为职。知人诚不易学,晓事则可以阅历黾勉得之。晓事,则无论同己异己,均可徐徐开悟,以冀和衷。不晓事,则挟私固谬,秉公亦谬,小人固谬,君子亦谬,乡原固谬,狂狷亦谬。重以不知人,则终古相背而驰,绝非和协之理。故恒言以分别君子、小人为要,而鄙论则谓天下无一成不变之君子,无一成不变之小人。今日能知人能晓事,则为君子,明日不知人不晓事,即为小人,寅刻公正光明,则为君子,卯刻偏私掩暧,即为小人。故群誉群毁之所在,下走常穆然深念,不敢附和。[21]

这是同治三年(1864年)曾国藩回复郭嵩焘的一封信。这段话简而言之就是"知人、晓事"四个字。曾国藩提出这样的观点,既是自勉,更在于发掘人才。相比于后者,自己如何能做到才更加困难。作为湘军的统帅,上于之朝廷,他肩负镇压太平军重大使命,与其手段、过程相比,清朝政府或更倾向于只看重事情的最终结果。下于之众将士,他所要顾及的事情更多。作为将士,首要职责即保家卫国,这是公的一面。其次是自谋发展,或解甲归田,或节节高升,功名利禄双收,这是私的一面。在这两个方面,曾国藩几乎都持极为开放的态度。他曾经向清朝上书直言,湘军"以投营为名利两全之场,以战阵为日用常行之务"**22**。也就是说,将士们只要得到好处,就会奋力杀敌,视死如归。允许或纵容将士的贪财腐败,极力向政府荐举湘军将士是他落实的两个具体措施。在这两个方面,与曾国藩早就相识的王闿运却始终没能得到关照,始终处于一种游离状态。这种状态与他"怀抱'帝王之学''纵横之道',具有强烈的政治野心和远大的政治抱负,且毕生从未停止为实现其政治抱负而努力"**23**的现实形成鲜明的对比。阳信生认为,"王闿运嬉笑怒骂,玩世不恭,虽然与叶德辉等劣绅之流有很大的区别,但恐怕亦不能归于'正统''正经'士大夫之列"**24**。倘若从学术上论,在湖湘地区,王闿运将庄子思想引入阐释广义上的儒学"道统",并认为前者继承了《春秋》经世之统的另类思想,引发不少争议,被认为是对"湘学传承体系的极端反叛"**25**。与他关系匪浅的郭嵩焘在"再与笏山"**26**信中说:"君子之学,必远乎流俗,而必不可远道。壬秋力求绝俗,而无一不与道忤,往往有甘同流俗之见以叛道者。是足下但论文章,友之可也,师之可也,至与辨人才之优绌、语事理之是非,其言一人,如饮狂药,将使东西迷方,元黄异色,颠沛踬失而不可追悔。独奈何反用其言以自求迷乱哉?"**27**从这一点看,似乎坐实了王闿运在学术上的离经叛道。他的这种学术思想落到现实中,则可能急速转化为对某个事件的立场和判断。据悉,有一次王闿运到南京拜见曾国藩,不知什么原因曾国藩并未亲自出来迎接,而是叫了别人出来接待,王闿运显得有些失望,笑着说:"相国以我为哺啜来乎?"**28**可能对后世学者或局外人来说,这彰显了文人高风亮节、刚正不阿的正面形象,但我们不能忽略现实人事间的运作逻辑。因为,对当事人(听者或对象)而言,这样的态度很可能被理解为隔膜和矛盾。这或许就是曾国藩所说的"知人、晓事"。

对曾国藩来说,湘军良好运作的关键之处就是处理好人与人的关系,对内团结,对外抗敌。这是理解、操练和展示"知人、晓事"这一人生学问的最好操练场。很显然,王闿运并没有通过这场"应试";其在学术上的深耕精研,似乎模糊了他跟现实之间——尤其是人与人之间的界限。或许正因为科举和人生"考场"上接连失意,王闿运于1864年选择归隐,前后将近12年。哪怕是12年之后,王闿运依旧没能在仕途的征程上有明显的突破。这里,一向被我们认为是典型文人的王闿运,在晚清以来的湘军兴盛浪潮中并没有成为"弄潮儿",反倒给人以被冷落成为"局外人"的错觉。对此,阳信生总结出他政治思想上的四个方面[29]:

> 一是捍卫封建礼教,以封建卫道士自居;
> 二是极力反对"学制"改革,反对出洋留学,迷恋科举制度;
> 三是对洋务活动十分冷淡,反对兴办新式工业、反对西方任何先进的事物;
> 四是一以贯之地反对改革、反对革命。

湖南籍绅士之所以能够在晚清以来的社会中风起云涌,得益于晚清以来在湖南发生的几个重要历史事件,除了湘军镇压太平军、洋务运动,还包括维新运动等,这些都使得身处湖南或与湖南密切相关的人无法视而不见、置身事外。正是因为湖南籍绅士的踊跃参与才使得晚清的湖南在中国封建社会最后一段历程中异常突出。但是,作为湖南在野的名士王闿运,在他个人层面上,几乎"错失"了所有重要的历史事件。但王闿运与湘军集团成员建立了各种形式和程度的关系:太平天国运动过程中,他与曾国藩保持若即若离的联系,而在其早期生涯中,曾与后者保持热切联系,主动建言献策。同时,由于湘军集团成员之间互动明显,游走于各高官显贵之间。相对于曾国藩,这些人与王闿运的关系要明确且亲和很多。可以确定,当维新运动在湖南如火如荼进行时,湖南几乎成为梁启超、谭嗣同、熊希龄、唐才常等人及当地重要官员的天下,开时务学堂、办《时报》、创学会等,湖南成为"全国最有朝气的一省"。而作为保守派代表的王闿运则被批评"与湖南维新运动保持有相当的距离"[30],与那些提倡维新变法、开拓风气等主流人物形成鲜明对比。因此在部分人看来,在这一短暂的历史篇章中,王闿运等人并没能付出多少积极的贡献。更诡异的是,虽然戊戌维新遭遇了失败,却不是从湖南内部瓦解的,也不是由于王闿运等顽固派斗争的结果,而是因为外部的政治因素导致的。总体而言,在这场运动中,王闿运等人既没能在湖南本地对抗维新派努力上占到优势,也无法在后者垮台之后得到好处。王闿运得到的政治利益极为有限。

尽管如此,王闿运对他的政治理想始终抱有希望。在游离于历史主流周围期间,王闿运一直保持与外界的接触,交游、教育、讲学等,堪称楷模。自上而下看,对外界来说,王闿运的吸引力可能在减弱。面对社会的各种反对声音、批判声音,他选择拉开他与周围人的距离,尤其是与他在利益上处于相近或平等地位的人,这种疏离感持续并越来越明显。但从下至上看的话,他的能量有可能不降反增。与彭玉麟和陈士杰相比,由于得到曾国藩的青睐,他们的发展轨迹和方向相对清晰和稳定。虽然说王闿运没能在仕途上直上青云,但却也给了他更多参与社会各个层面讨论的机会。也就是说,"顽固派绅士除了在乡土社会仍然有他们的一席之地外,其地位已经每况愈下,影响力大不如以前了,已经基本上离开历史舞台的中心了"[31]。王闿运在野的游离状态使得他在社会上的存在更加灵活、机动和自由,上通下达,作为中层人物将社会的高层与下层联系在一起。

当太平军被镇压之后,湘军的首要使命完成。正如湘军组建初期重视人才招募一样,裁撤之后的"后湘军时代"同样面临人才处理的问题。不同的是,"后湘军时代"的人才并不处于某种极端对立的抗争中,而是进入了缓和期。晚清政府提倡重修地方志等措施,就是意在修复满目疮痍的价值裂痕和难以平复的社会心理。1864年王闿运选择了归隐石门,1876年复出。在这期间,他潜心著作,涉猎极广,打下了他日后教书育人、针砭时弊的重要学术和思想基础。复出之后,王闿运的人生似乎有了规划,主掌四川尊经书院近十年(1878—1886年)。继而,王闿运在代郭嵩焘主讲湖南思贤讲舍的短暂经历后,于1891年入驻船山书院,一直到他去世,长达25年。在执掌书院的过程中,王闿运尽心竭力,桃李天下,影响遍布全国,尤其是四川和湖南,成为他留下足迹和心血最多的地方。在担任四川尊经书院山长的过程中,提出和实施了众多书院教学方面具体有效的措施,对晚清四川书院教育作出了重要贡献。但同时,因为私交的关系,王闿运与江西、山东、山西和陕西等地方亦有联系。

第三节
"后湘军时代"的齐白石交游

　　1897年,当齐白石经他的诗友张仲飏引荐拜王闿运为师的时候,王闿运已经54岁。此时,他已执掌船山书院7年,郭葆生、夏午诒、杨度等人基本都是在这个阶段成为他的学生的。三人中,杨度和郭葆生都是湘潭人,夏午诒是桂阳人。这一年夏午诒27岁,郭葆生出生年月不详,但应该与夏午诒相近,杨度22岁。他们这个年龄段正是通过科考获取功名和争取进仕的关键时期。郭葆生因其父亲郭松林曾在湘军中建功立业,得以世荫为道员,算是他们中资格最优的人。夏午诒于第二年获得殿试榜眼。杨度虽然很早就成为王闿运的学生,但其最终并没有沿着科举仕途走下去,而是选择了出洋留学日本。虽然他们人生的道路和方向已经变得更加多样,但他们之间却存在另外一个共性:父辈都直接或间接与湘军有关系。郭葆生、夏午诒父辈都是湘军重要军事将领。虽然杨度的父亲务农在家,并没有参加湘军,但因其父在杨度10岁的时候过世,所以杨度被过继给了参与湘军的大伯杨瑞生抚养。杨瑞生及杨度祖父杨礼堂曾一同为湘军将领李续宾的部下。晚年的王闿运处在人生的平缓期,主要从事教育。1897年三月某一天如常来到东洲石鼓书院[32]"从学者益众,杨晳子度,夏午诒寿田,陈完夫兆奎……"[33]。陈完夫兆奎,即陈士杰之子。当年,陈士杰邀请王闿运执掌尊经书院的时候,陈士杰因忙于军事,可能又是亲家关系,所以陈士杰将儿子陈兆奎和侄子陈兆文一并委托给王闿运培养照料。王闿运视同己出,尽心竭力,厚爱有加，这两位陈氏后人也不负众望，都成功考取功名后，身居翰林要职。可见在齐白石早期的交游中，尤其是拜王闿运为师之后，他的朋友圈似乎与"后湘军时代"人物保持了特殊的关系（见表3）；齐白石本人或许并未意识到这一点，但这却给他的艺术发展和人生带来不一样的意义。

表3　王闿运及其弟子与湘军之间的人事关系

姓名	生卒年	籍贯	功名	与湘军关系
王闿运	1833—1916	湖南湘潭	举人	（1）于1853年（时年20岁）湘勇创立时与曾国藩打交道，并间断性地出入曾国藩幕府； （2）与湘军彭玉麟、郭嵩焘、陈士杰、丁宝桢等重要将领保持长久的私交关系； （3）1875年应曾国藩次子曾纪泽邀请修撰《湘军志》，此书于1882年出版
郭葆生	？—1913	湖南湘潭	留学日本	其父郭松林，湘军将领，曾是湘军将领曾国荃的部下，后从军于李鸿章的淮军
夏午诒	1870—1937	湖南桂阳	戊戌科榜眼	其父夏时，官至江西、陕西巡抚。曾跟随其舅父陈士杰学习。陈士杰曾入曾国藩的军幕，后者评其"历著战功，所部士勇精悍得力"①
陈兆奎	不详	湖南桂阳	丙午科进士	陈士杰之子。陈士杰与王闿运交情甚密，并结成姻亲。后陈士杰因军务繁忙，将侄子陈兆文与儿子陈兆奎托付给王闿运。1903年齐白石第一次到北京，夏午诒、杨度、陈兆奎、齐白石等相聚②
陈兆文	不详	湖南桂阳	进士	陈士杰的侄子

姓名	生卒年	籍贯	功名	与湘军关系
杨度	1875—1933	湖南湘潭	举人	早年师从王闿运,其妹杨庄嫁于王闿运之子。杨度祖父和大伯都曾是湘军将士
杨钧	1881—1940	湖南湘潭	1903年赴日留学	杨度的弟弟,12岁的时候师从王闿运③

资料来源:

①夏午诒:李鼎芳编,《曾国藩及其幕府人物》,岳麓书社,1985年9月,第73页。

②陈兆奎:敖普安、李季琨编,《齐白石辞典》,中华书局,2004年9月,第485页。

③杨钧:敖普安、李季琨编,《齐白石辞典》,中华书局,2004年9月,第92页。

何炳棣也认为,"齐白石早期的生活与王闿运的几个弟子的社会身份,提供给我们一个关于弹性的身份概念及流动性身份制度很好的例子"**34**。尤其是湘军在晚清舞台的突起和迅速"退出",无疑让湖南地区特定人员的身份获得了转型的机会,底层人民向上流动的通道被打开,并获得认同。

很显然,19世纪晚期的中国,已经逐渐成为这批年轻人的时代,祖辈、父辈们远去,往来于王闿运周边,或在王闿运交往的人之间,与湘军相关的人事也逐渐淡化。曾国藩于1872年逝世,彭玉麟于1890年逝世,陈士杰于1893年去世。与王闿运关系亲密的郭嵩焘于1891年去世,曾经邀请王闿运去四川执掌尊经书院的亲家丁宝桢也早于1886年离世。虽然这是从王闿运一人的人生轨迹来看,但也能够反映湘军裁撤之后湖南地区士绅结构的变化。首先是湘军的兴起和发展壮大,为湖南培养了大批人才。1850年后,如果以11万绅士计算,"湖南绅士在总人口中的比例达到5‰,而家庭成员在总人口中的比例已经达到了2.6%,这个比例在全国来说都是很高的。湖南毫无疑问是中国近代绅士数量增长最迅猛的省份之一"[35]。其次是这些人员的流向问题。其实,不管是湘军的组建还是裁撤,都是人员迁徙的大潮。因为曾国藩提倡从湖南本乡招募士兵,所以这些地区人员流动是非常大的。比如,湘军成立初期的咸丰三年(1853年),曾国藩就进行过一次增募,一次性从他的老家湘乡招募到2000人,从新宁招募到1000人,这些人直接被派遣到江西南昌。[36]当时担任湖南巡抚的骆秉章也曾在"训折"中论及此事,言"近时湖南勇夫出境从征者,水陆不下十数万之多"[37]。同治三年(1864年)裁撤的时候,曾国藩统领湘军12万[38]左右,到了同治五年(1866年),湘军原班人员只剩一万名左右,1868年的时候,曾国藩任直隶总督,"他的部下便一营湘军也都没有了"。[39]也就是说,在短短两年的时间里,有十万的湘军回归原籍,形成了声势浩大的人口迁徙大潮。再有,是关于回归后的安置问题。被裁撤的湘军,他们当中或许有些是新近招募之人,军涯不算太长;对那些跟随湘军征战数年的士兵来说,离乡留下的空缺已经得到弥补,此番回归必然造成乡村空间的重新建构。关于解散湘军所面临的种种问题及解决办法,可以参见罗尔纲《湘军兵志》中的内容。需要格外强调的一点是,这些回乡湘军"因军功保到武职三品以上的不下数万人。他们俨然职官,有官级做护身符的人。他们解散回到家乡去,能否再过终年作苦的种田种地的生活呢?又能否再愿受地方官的管束呢?"[40]这种担忧不无必要。如何在安置上平衡这些回乡人员看上去是清政府或精英阶层应该考虑的问题,但从横向来看,这一问题不管是初期还是后期,都可能引发二次乃至更多次的人口流动。事实是,这些来自湘军集团的绅士,一旦返回到他们的乡镇,"一般都集中在所属县城或省城,如在长沙新增'宫保第'13家,而湘乡县城就有2000户绅士家庭落户于此"[41]由下层绅士到上层绅士,由乡村到县城,既是乡村人文面貌改变的缩影,同时也是中国绅士城镇化的一个缩影。

作为这段历史重要见证者的王闿运,其在1886年完成的《湘军志》中给予了更加生动的近景描述。20年后的1897年,湖南以及湘潭地区已是另一番人文风景。齐白石自述1897年第一次来到县城认识了郭葆生和夏午诒,但他并没有特意表明这两个人的出身背景。如果初次见面的时候不清楚尚且可以理解,而齐白石自述此事时已与他们亲密无间,在自述中也没有提到显得不合常理。能说明这一"遗漏"最可能的解释是:其身边或他所知道具有湘军背景的人很多,习以为常,不值一提。当然,这也只是一种揣测。因为,即便是齐白石的老师——历经鸦片战争、太平天国运动、洋务运动、维新变法等历史事件的王闿运,齐白石在自述中也没有特意突出这一点。

关于齐白石拜师王闿运的过程,有当事人的口述和日记佐证。时间上,两人陈述得较为一致,而王闿运日记的时间点更为具体。从内容上看,齐白石口述提供了来龙去脉,交代了事情前后的大概经过。结果是,齐白石成为王门弟子,这是无疑的。但是有一点需要引起我们的注意。在齐白石的自述中,他先于1897年在县城认识了郭葆生和夏午诒,拜师是两年后(1899年)的事情了。倘若齐白石记忆没有出错的话,这说明齐白石在拜师之前就已经接触到了不少王闿运身边的人,包括诗友张仲飏。一是得益于齐白石个人勤奋,齐白石的名字可能早前就被王闿运所知。二是因为交游广泛,并且与张仲飏等人交好,得到推崇。也就是说,齐白石至少可以通过两个渠道"接近"王闿运。1899年王闿运初次见到齐白石那天,在日记中第一次提到齐白石:

光绪二十五年一月廿日,阴晴。
看齐木匠刻印、字画,又一寄禅、张先生也。[42]

第二次是当年的十月:

光绪二十五年十月十八日,晴。
休假一日。齐璜拜门,以文诗为贽,文章尚成,诗则似薛蟠体。[43]

我们注意到,第一次日记中对齐白石的称呼为"齐木匠",第二次称呼齐白石为"齐璜"。关于"齐木匠"这个称谓,我们都不陌生。齐白石在自述中第一次提到"齐木匠"并不是说他自己,而是他的本家:"那年(齐白石15岁)年初,有一个乡里人都称他为'齐满木匠'的,是我的本家叔祖,他的名字叫齐仙佑,我的祖母,是他的堂嫂。"[44]第二次提到是说他自己。齐白石跟齐仙佑学的是做大器作,齐白石由于身体原因,尝试之后无法胜任;又因为遇到做大器作的被做小器作的看低,所以不久齐白石就换学小器作了。齐白石跟师父学了几年,经常跟师父出去干活,周围的人应该对他也比较熟悉。他学成出师,也就意味着后面的路基本要靠自己,自己也要独当一面。据齐白石介绍,因为经常出去做活,自己的名声也跟着师父的名声逐渐传开,后来很多人都称他为"芝木匠","当着面,客气些,叫我'芝师傅'"。[45]直到齐白石26岁的时候,他还是以替别人做雕花为生,此时离他出师已经过去了7年。他说:"我画画的名声,跟做雕花活的名声,一样地在白石铺一带传开了去。人家提到芝木匠,都说是画得挺不错。"[46]这是第三次提到。第四次是回忆30岁之后的活动,说:"画像画了几年,附近百来里地的范围以内,我差不多跑遍了东西南北。乡里的人,都知道芝木匠改行做了画匠,说我画的画,比雕的花还好。"[47]从这里我们可以发现,齐白石的"木匠"身份维持了近十年。他所谓"百来里地"都跑遍了,或许不是妄言。正如上文所示,齐白石家离胡沁园家的直线距离近30里,离王闿运家直线距离近80里,显然,实际行走的距离要远大于这个数。齐白石的诗友张仲飏,是齐白石在胡沁园那学习期间认识的,他并不属于齐白石所在的龙山诗社,是所谓"社外"的人。张仲飏当时已经是王闿运的弟子了,齐白石以及其他诗友应该都是知晓的。虽然我们不知道张仲飏所居何处,以及他的家离其师王闿运家多远,但他能够游走于齐白石诗社和王闿运门户,说明现实中,哪怕是超过百里的路程也是可以接受的;不过名声传起来要比足迹快得多。王闿运很可能在齐白石拜师之前就知道有个叫"齐木匠"的人。

另外，在齐白石的自述中也有提到，有的人直接称呼他"芝木匠"，当着面的时候会给面子叫"芝师傅"，说明前者带有一定的轻视和瞧不起。齐白石在自述中介绍张仲飏的时候说道：

> 乡里的一批势利鬼，背地里仍有叫他张铁匠的。这和他们在我改行以后，依旧叫我芝木匠，是一样轻视的意思。我跟他，都是学过手艺的人，一见面就很亲热，交成了知己朋友。**48**

从这段话中，我们可以明显感觉到，齐白石对张仲飏的遭遇是比较了解的，所以这里提到的"乡"，即便不是指同乡，张仲飏、齐白石二人相距也不会太远，只是一直没有"见面"罢了。在此之前，齐白石对别人叫他"芝木匠"可能是默认接受的。毕竟，一来这么称呼的要么是雇主，要么是熟悉的长辈、亲友、左邻右舍，久而久之形成了习惯，也就习以为常。另一方面，木匠确实是他成名那时最响亮的名字，即便后来画画得还不错，也学着读书和作诗，哪怕是齐白石自己也不会理直气壮地在外人面前推广或炫耀。所以，别人这么称呼的时候，如果没有足够抗争的能力和信心，还不如随遇而安。但当他遇到张仲飏的时候，心扉就打开了，既是为张仲飏鸣不平，更是表现出了自己压抑已久的委屈和心声。

关于拜师王闿运的过程，齐白石自述中还有一个细节是值得推敲的。那就是王闿运对齐白石的两次评价，在王闿运日记里是一个版本，在齐白石自述中则是另外一个版本：

> 湘公说："你画的画，刻的印章，又是一个寄禅黄先生哪！"**49**
>
> 仲飏又对我说："湘绮师评你的文，倒还像个样子，诗却成了《红楼梦》里呆霸王薛蟠的一体了。"**50**

比较前后两个版本，格式和内容基本一致，简短、精练，几个关键词"画""印""寄禅""文""诗""薛潘"等能够一一对应。关于第一次见面的评语，王闿运很可能当面点评了，所以齐白石能够记得。第二次评价是由张仲飏转述的，王闿运没有当着齐白石的面评价，但却让张仲飏获悉了。这里，我们先不去假设王闿运日记内容被泄露的可能，可以确定日记中的内容是代表了王闿运的真实看法。那么，这两个版本最大的也可能是唯一的差异就不能忽视，即日记中称呼齐白石为"齐木匠"，自述中称呼为第二人称"你"。我们基本确定了第一次的评价是当着齐白石面的，那么王闿运在第一次见到齐白石的时候是称齐白石为"齐木匠"还是"你"？作为一位"捍卫封建礼教，以封建卫道士自居"的王闿运，断不会在别人面前使用不当称谓而失礼，所以齐白石自述中的"你"是值得商榷的。王闿运在日记中称"齐木匠"，想必齐白石是不知晓的。按照齐白石的逻辑，此时还称他为"齐木匠"是对他的一种"轻视"，是"势利鬼"。而在同一天关于同一件事情的记载中，提到寄禅和尚的时候，王闿运的口吻是"寄禅"和"张先生"（齐白石的口述是"寄禅黄先生"）。不管是"张先生"还是"黄先生"，此处都显示了王闿运的"双标"行为。从齐白石认识张仲飏之后发表的"心声"来看，直到1894年的时候，外界"依旧"叫他"芝木匠"。所以，王闿运口中的"齐木匠"如果不是带有"轻视"的意思，那么就是他沿用了外界的普遍称呼。

时隔近9个月之后，齐白石第二次拜访王闿运并正式拜师入门，王闿运在当天的日记中改变了称谓，称齐白石为"齐璜"（"齐璜拜门"）。第二次拜见，也就预示齐白石正式成为王门弟子。齐白石的宗族派名叫纯芝，小时候他的家人经常叫他"阿芝"，齐白石有多方自用印也叫"阿芝""小名阿芝"等。齐白石做雕花行当的那段时间，就是以原名"齐纯芝"行世为人所知，周围人都叫他"芝木匠"或"芝师傅"，王闿运口中的"齐木匠"的叫法与此相通。而"璜"是齐白石拜胡沁园和陈少藩为老师之后两位先生给他起的名字，一名"璜"，一号"濒生"，一别号"白石山人"。所以我们看到，齐白石早期的字画作品上经常出现"齐璜""臣璜""白石草衣"等落款,而且,从这些作品丰富的内容和印章的使用频率上看,说明齐白石对这些"称谓"是非常珍惜和认同的。尽管他的老师说,这些名号是"预备题画所用"[51],但齐白石显然不满足于此,而是希望这些名号能够被广泛接受,甚至取代过去代表体力劳动的"木匠"名号。在齐白石看来,木匠与画匠之间存在明显差别(见第二章分析),除了物质层面,更重要的是精神层面的,那就是新身份的拥有及其认同感。齐白石要借此脱离"木匠"以及与之相关的一切人和事。通过胡沁园等老师的重新"包装","芝"之于"木匠"被转换为"璜"之于"画匠";齐白石篆刻了不少这类名号及延伸名自用章,频繁在书画作品中使用,充分显示了他对这些名称的在意和认同,并试图通过绘画向外界强化这一印象(见表4)。[52]

表4 齐白石1899年之前作品[53]中钤印的使用情况

作品	年份	落款	钤印
《双钩谭仲牧梅花》	1892年	齐璜	白石翁(朱文)
《佛手画果》	1892年	齐璜	□□
《梅花天竹白头翁》	1893年	齐璜	齐伯子(白文) 名璜别号 濒生(朱文)
《西施浣纱图》	约1893年	齐璜	齐伯子(白文) 名璜别号濒生(朱文) 任凭人说短论长(朱文)
《龙山七子》	1894年	滨生 齐璜	齐伯子(白文) 名璜别号濒生(朱文) 求真(白文)
《洞箫赠别图》	1894年	璜	齐伯子(白文) 名璜别号濒生(朱文) 乐此不疲(朱文)

作品	年份	落款	钤印
《东方朔》①	1894年		齐伯子（白文） 名璜别号濒生（朱文）
《郭子仪》②	1894年	齐璜	齐伯子（白文） 名璜别号濒生（朱文）
《寿字图》	1894—1895年	濒生 齐璜	齐璜印信 字渭清号濒岑（朱文）
《人物》	约1894年	齐璜	臣璜印信（白文）
《看鹤图》	1892—1902年	齐璜	寄园诗画（朱文）
《麻姑进酿图》	1894年	濒生 齐璜	古潭州齐璜（白文）
《八个水仙松树图》	1894年	濒生 齐璜	齐伯子（白文） 名璜别号濒生（朱文）
《一苇渡江图》	1895—1902年		齐③
《花鸟四条屏》	1895—1902年	齐璜	齐璜（白文） 齐璜（白文） 齐璜（白文） 齐璜（白文）
《黎夫人像》	约1895年	齐璜 白石	阿芝（朱文） 白石老人（白文） 借山翁（朱文）
《八仙条屏》	约1895年	濒生 齐璜	濒生（朱文） 璜印（白文）
《柳牛图》	约1895年	齐璜	臣璜（白文） 滨生（朱文）

作品	年份	落款	钤印
《三公百寿》	1896 年	齐璜	齐璜（白文） 濒生（朱文） 愿花长好、月长圆、人长寿（白文）
《山水扇面》	1896 年	齐璜	口
《沁园夫子五十岁小像》	具体年份不详	齐璜	璜（白文） 白石草衣（朱文） 长年（白文） 今是昨非（白文）
《罗汉》	约 1897—1902 年	兄璜	齐（朱文） 无相庵（朱文）
《婴戏图四条屏》	1897 年	濒生 寄园 白石 草衣 齐璜	梦松庵（朱文） 一不为少（白文） 璜印（白文） 濒生（朱文） 和气（朱文） 寄老（白文） 长寿（朱文） 白石草衣（白文） 璜（朱文） 三十以外之作（白文）
《老虎》	1897 年	齐璜	臣璜印信（白文） 濒生（朱文） 诗癖画禅（朱文）

作品	年份	落款	钤印
《绿杉野屋》	1897 年	齐大	齐大（白文） 不可无一（白文）
《蔬香老圃图》	1898 年	齐璜	齐璜（白文） 长寿（朱文） 英雄本色（朱文）
《乌巢图》	1899 年	龙山 社长 齐璜	
《红线盗盒图》	1899 年	璜	白石草衣（朱文）

资料来源：

①《东方朔》：北京画院编，《胸中山水奇天下——齐白石山水画精品集》，广西美术出版社，2018 年 9 月，第 56 页。

②《郭子仪》：北京画院编，《胸中山水奇天下——齐白石山水画精品集》，广西美术出版社，2018 年 9 月，第 56 页。

③据陆锦华研究，此幅画完成之后"只钤了一个方异型'齐'字印"。见敖普安、李季琨编，《齐白石辞典》，中华书局，2004 年 9 月，第 182 页。

　　表 4 所示为齐白石创作于 1899 年之前的部分作品，包括有准确纪年和少部分存疑的作品，但我们可以从数量和比例上看齐白石这段时间使用字号的特点。通过分析，以上作品中印文共出现 62 次，合 37 种内容[54]，出现频率较高（出现 3 次以上）的如表 5 所示。

表 5　齐白石 1899 年之前作品中钤印使用频率较高情况

名称	频率/次	占总印数比/%
齐璜	8（包括 1 次"齐璜印信"，1 次"古谭州齐璜"）	12.9

名称	频率/次	占总印数比/%
名璜别号濒生	7	11.3
齐伯子	7	11.3
濒生	5(包括1次"滨生")	8.1
白石草衣	5(包括1次"白石翁",1次"白石老人")	8.1
璜	3(包括1次"璜印")	4.8
臣璜印信	3(包括1次"臣璜")	4.8
合计占比		56.5

由表5可知,表4中出现3次以上印文的内容呈现出一个明显的特征,那就是基本都与"璜""濒生""白石"有关,占总次数的一半以上——56.5%。我们知道,"璜""濒生""白石"是胡沁园和陈少蕃两位老师给齐白石起的名和号;而且,在37种印文内容中,除此之外,都与这三个称谓无关。再看表4中作品的落款,几乎清一色地使用了"齐璜"。也就是说,齐白石在1894年至1899年期间的创作中,最常使用的印文内容就是胡沁园和陈少蕃给起的这三个新的身份称谓。齐白石对他们的钟情程度可见一斑。在上表中,还有一个细节值得推敲,即"名璜别号濒生"的印文出现了7次之多。齐白石在此时期作品落款中时常会分开使用"璜"和"濒生",却很少将两者连在一起使用。倘若我们能够排除齐白石在篆刻此印时是为了追求一种人性和个性,那么这个印章及印文至少可以说明两个问题:一是,在这里"名璜别号濒生"不是简单的"名+号","璜"和"濒生"这两个称谓,齐白石使用已经够频繁的了。齐白石应该是特意强调这里的"名"和"号",把落款中单列的"璜"和"濒生"对应上,给观者一个非常明确的、固定的印象,即名是璜,别号是濒生。也就是说,齐白石在"散用"的基础上,为了强化观者或阅读者的印象,将"璜"和"濒生"进行组合使用。二是,"名璜别号濒生"其实可以看作一个省略句。这需要我们将此还原到齐白石作品的画面中来。其实,与"名璜别

号濒生"一同出现7次的是"齐伯子",那么我们可以说,"名璜别号濒生"的完整"语境"是:"齐伯子(白文)。名璜别号濒生(朱文)。"齐白石在兄弟中是老大,自称"齐伯子"无可厚非。那么其完整的读法应该是:齐伯子,名璜,别号濒生。这句话已经很简洁和直白了。这种表达格式和所传达出来的意思,与某人的简介极为相近,就是要直接地向别人传达出关于自己最基本的信息:姓、名、号。出现这种组合印章的,主要是创作于1893年和1894年的作品。此时,齐白石拜胡沁园为师才四五年的时间。据齐白石介绍,自从拜胡沁园为师之后,他主要是画画为生,而且30岁之后画名远扬,"乡里的人,都知道芝木匠改行做了画匠"**55**。虽然齐白石后来的篆刻中也经常出现长句闲章,但在他早期艺术生涯中就出现这种艺术态度,显得格外别有用意。一方面,可能是为了回应"势利鬼""大不敬",以此作为当时妥协的心理补偿,通过绘画和款题的"表白"向外界彰显自己的"身份"和"领地";另一方面,齐白石以这种直白的方式表达心理情感的活动也显示了齐白石自信、倔强和事事不甘的一面。

齐白石之前是木匠,相当于做的是体力活,按量计算收入,而当它的市场供需有限或饱和时,就无法保证理想的收入。还有一点是,这种行业属于社会底层的手工行业,多得不到别人的尊重,做好做坏最终只落得个"芝木匠"的名声,这是齐白石最在意的事情。数十年后,齐白石清晰地回忆道:

也有一些势利鬼,看不起我是木匠出身,画是要我画了,却不要题款。好像是:画是风雅的东西,我是算不得斯文中人,不是斯文人,不配题风雅画。**56**

这段话暴露出了齐白石当时的无奈,以致多年后还耿耿于怀。所以,当胡沁园和陈少蕃给他起了新的名和号,并嘱咐他是用在书画作品上的时候,他意识到了"人以书传"的价值。齐白石仅能做的就是通过绘画的方式和途径进行变相的更名、留名和传名。这种诉求在他使用"璜""濒生""白石"等的频率和内容上得到了充分显示,而"齐伯子""名璜别号濒生"这样的钤印组合则将这种欲望发挥到了极致,告诉外界现在的"我"是谁。可以说,通过书画交游为齐白石传播名声、表明身份提供了可靠方式。并且,当齐白石意识到,接受绘画的群体要比接受木匠的雇主更加广泛、富有和身份特殊的时候,他必然会扩大绘画或其他艺术交游的范围。

第四节

齐白石交游及其诗画身份流变

　　齐白石拜胡沁园为师,与他入王闿运之门有明显的不同。作为老师,胡沁园向齐白石提出学画挣钱的想法,齐白石接受了这个建议。这个时候,齐白石需要考量的主要问题是:画画是否真的像胡沁园师所说的能够挣钱——至少要比做木匠活挣得多或轻松一点。因为此时,作为长子的齐白石,长时间面临家境生活带来的压力和家庭事务上的困扰,这促使他对物质追求保持高度警惕和思考,正所谓"仓廪实而知礼节,衣食足而知荣辱"。当齐白石无法预设自己的人生规划的时候,他索性听从了胡沁园的话,改木匠为画匠。由木匠转到画匠之后对齐白石(更主要的是齐白石的家庭)带来的影响是显而易见的,这在齐白石自述中多有表现。在拜胡沁园为师之前,齐白石也画画,之后做了全职画家,以此为生。这对齐白石来说是一个机遇,也面临挑战。因为对于画画挣钱他是存疑的,包括:画什么样的画,谁需要这些画,"我"认识的人是否需要,"我"何以寻找买家并说服他们,等等。毫无疑问,在胡沁园处学习的过程中,这些疑惑逐渐得到化解。因为,作为乡绅,又擅长诗文的胡沁园还有一个画家的身份——精于工笔花鸟草虫;曾有一位雇主为了等到胡沁园画帐檐,甘愿苦等了一年半,说明胡沁园画画的能力和声望是非常得到认可的。除此之外,胡沁园还向齐白石介绍了一位画山水的老师,教他新的题材创作。而人物画是齐白石本身就熟悉和专长的。

　　所以,可以看出,胡沁园为齐白石提供了比较完整的绘画学习和创作的环境,使得齐白石在这一领域得以保持自己的绘画兴趣并进行书画交往。只要我们稍微梳理一下齐白石在1899年之前创作的作品,就很容易发现,不管是人物画、花鸟画还是山水或书法作品,它们很少是齐白石单纯为了创作而创作的。这些作品,往往能够直接提供给我们除了绘画审美之外的一些信息,包括:这些画是为谁画的,齐白石与收受者之间存在哪些关系等信息。这里涉及的人或事基本都是齐白石在胡沁园处学习所建构起来的人际网络,它以胡沁园个人为中心,延伸出龙山诗社、罗山诗社等诗文交游群体。除此之外,齐白石还与黎桂坞的两个弟弟黎薇荪和黎铁安等结为了印友关系等。可以说,这与不留"名"的木匠活形成了鲜明对比。而且,与诗文相比,绘画的艺术形式的优势非常明显,尤其对齐白石来说。因为,齐白石本身的贫农和木匠出身,已经成为他抹不去的人生"底色"。又源于他在儿时、青年这些关键时期没有接受过正规的、系统性的私塾教育,缺乏对中国传统文人修养的认识、训练和提高,诗文作为衡量文人身份不可或缺的标尺,齐白石并不拥有。这时,绘画恰可以为他生成一个新的人生线索——"草衣—画家/斯文",绕开"贫农—木匠"的旧身份。所以,正如上文所言,我们会发现,在齐白石关于早年做木匠的生活经历的自述中,夹杂着很多有关绘画的故事,这正显示了齐白石在自述中一直尝试构建的新的人生线索,为当下的画家齐白石找到合法性。因为,历史的、过去的是真实存在的,它仿佛是一股由各种材料编织成的绳,有布、麻、铁、尼龙等,其中哪一部分在联系未来的过程中起到关键的连接或加固作用,那么这一部分的地位和价值必将在以后重新审视的过程中被刻意地、过度地或选择性地进行阐释。齐白石在绘画中频繁使用胡沁园和陈少蕃为他起的名、号,似乎就是想通过作品在师友、诗友及一般朋友之间固化"草衣—画家/斯文"这一新身份。

但是相比之下,王闿运的主要身份是经学家、诗人和教育家,他的书法虽有称道之处,但其广为人所知因以上三者。所以,从齐白石的角度来讲,王闿运和胡沁园最明显的身份区别是:王闿运不是画家。齐白石第一次拜访王闿运的时候,带去了字、画、印和诗文,王闿运并未对任何一个方面作出批评,而是从综合的角度将他比喻为"寄禅"。但是,这一比喻若要合情合理,必须有"木匠"这一前置条件存在。也就是说,在王闿运看来,齐白石并不是一个通才,而是基于其特殊身份(贫苦农民)、个人状态(勤奋好学)和显示出的才华(从事画画、篆刻、诗文),三者为齐白石建构出一个有别常人的形象,让人联想到了寄禅等人。奇洁在其专文中也提出了类似的观点,认为"王闿运此次以寄禅之名赞誉齐白石,是以出身苦寒却好学上进为出发点,齐白石自己是认同这一点的,而并非如欣赏寄禅诗文一般看待齐白石"57。由王闿运日记"以诗文贽"可知,第二次见王闿运正式拜师的时候,齐白石应该没有带去字画,王闿运对他的诗文作出了一个整体评价。从这两次会面来看,王闿运是非常认可"另类"弟子的存在的(但并不能说这类子弟日后一定出人头地,高人一等。结合当时和后来铁匠张仲飏和铜匠曾招吉的发展可知,他们两个人选择了各自的发展方向和道路)。所以,与夏午诒、郭葆生和杨度以及陈士杰托付给王闿运的陈兆文和陈兆奎相比,"王门三匠"(木匠、铜匠、铁匠)作为王闿运的弟子,他们存在的象征意义要大于现实意义。王闿运并不期待或要求"三匠"非要抛弃个人兴趣而转向获取功名不可。我们不知道齐白石当时接受张仲飏的建议拜王闿运为师的理由或目的是想成为诗人还是画家,但王闿运收下齐白石这个弟子很可能不是看重他画的画;因为张仲飏虽然铁匠出身,但他是为了把诗作得更好才拜了王闿运为师。经过自己的努力,张仲飏终究科考及第,成为进士。所以,齐白石去拜王闿运为老师,或许也是奔着提高诗文能力去的。因为,从绘画创作角度来看,王闿运是无法直接提供关于创作的直接指导的,不像胡沁园能够时常对齐白石的创作给予指导,类似:"石要瘦,树要曲,鸟要活,手要熟。立意,布局,用笔,设色,式式要有法度,处处要合规矩,才能画成一幅好画。"58

所以,可以想知,齐白石与王闿运之间友谊的黏合度要弱于齐白石与胡沁园。齐白石与胡沁园之间,存在绘画、诗文、生活等方面的长期(十年)互通。特别是在齐白石生活上面临较大困难的时候,胡沁园通过画画来引导和改变他在物质上匮乏的处境,不说"未来",入胡沁园门下不久之后,齐白石的家境就得到了明显改善。齐白石说:

> 就觉得沁园所说的"卖画养家"这句话,确实是既方便,又实惠。[59]
>
> 我三十岁以后,画像画了几年……生意越做越多,收入也越来越丰,家里靠我这门手艺,光景就有了转机。[60]
>
> 那时我已并不专搞画像,山水人物,花鸟草虫,人家叫我画的很多,送我的钱,也不比画像少。[61]

从齐白石回忆的只言片语中,我们很清楚地感受到齐白石早期对画画这一新身份的认同,这种认同感就是来源于胡沁园所指引的"卖画养家"。到了1900年,齐白石38岁的时候,在湘潭县城里接了一个活,画了12幅画,雇主足足给了他320两银子,回到家后随即便置办了新住所。[62]这些丰厚的收入对齐白石来说简直是"一个了不起的数目"。所以,当别人发出"这还了得,画画真可以发财啦"的惊叹时,齐白石心里第一个想到要感谢的人肯定是其师胡沁园。从这里可以看出,1899年齐白石拜入王门的时候,他的经济来源基本有了保障。虽然还没有到1900年那么多,但至少齐白石也能对生活有所期了。

所以从现实角度来看,齐白石拜入王门的动机并非为了学画,亦非迫于物质生活的需求。所以,在齐白石境况得到明显改善的情形下,齐白石与王闿运之间很难复制他与胡沁园之间的那段学习时光和师友恩情。这在齐白石拜师之后就得到了体现。1899年年底齐白石正式拜师入门,成为当时声名显赫的大儒王闿运的弟子。从这一年到1904年王闿运约齐白石去南昌远游期间,齐白石在自述中唯一一次提到其师王闿运的是1901年,而且还不是直接提及:"湘绮师的内弟蔡枚功"[63]在齐白石的雇主面前替齐白石说了好话。那么,在近四年的师友生涯

中国美术馆创作与研究丛书
晚清民国时期齐白石交游研究

中,师徒二人之间难道没有值得记忆和回忆的地方吗?齐白石与王闿运是如何处理两人之间关系的呢?同时这几年齐白石和王闿运都在忙什么呢?

或许从1899年至1904年期间齐白石创作的作品可见一二(详见表6)。**64**

表6　1899—1904年齐白石创作的部分作品

分类	作品	年份	交游对象
绘画	《乌巢图》	1899年	罗真吾、罗醒悟
	《红线盗盒图》	1899年	无想先生
	《黛玉葬花图》①	1900年	
	《群仙祝寿图》②	1901年	福三侄
	《沁园师母五十岁小像》③	1901年	沁园师母
	《荷叶莲蓬》	1901年	郭武壮祠堂(郭武壮即郭松林——郭葆生之父,于1880年过世)
	《山水四条屏》	1902年	冯此山、胡辅臣、胡石庵
	《白石草衣》	1902年	
	《山水》④	1902年	颚秋大兄
	《老屋秋声图》⑤	1902年	朴君诗弟
	《巴湖春水图》⑥	1902年	
	《嵩岭卧云图》⑦	1902年	
	《吟江话月图》⑧	1902年	
	《华山图》	1903年	胡沁园
书法、篆刻	《行书联》⑨	1902年	胡沁园
	《行书横幅》⑩	1902年	胡仙谱(胡沁园之子)
	《曾总均·志熙》⑪(印章)	1899年	曾总均、志熙

资料来源:

①《黛玉葬花图》:北京画院编,《越无人识越安闲——齐白石人物画精品》,广西师范大学出版社,2019年10月版,第92页。

②《群仙祝寿图》:北京画院编,《越无人识越安闲——齐白石人物画精品》,广西师范大学出版社,2019年10月版,第88页。

③《沁园师母五十岁小像》:北京画院编,《越无人识越安闲——齐白石人物画精品》,广西师范大学出版社,2019年10月版,第94页。

④《山水》:北京画院编,《胸中山水奇天下——齐白石山水画精品集》,广西美术出版社,2018年9月版,第64页。

⑤《老屋秋声图》:北京画院编,《胸中山水奇天下——齐白石山水画精品集》,广西美术出版社,2018年9月版,第66页。

⑥《巴湖春水图》:北京画院编,《胸中山水奇天下——齐白石山水画精品集》,广西美术出版社,2018年9月版,第68页。

⑦《嵩岭卧云图》:北京画院编,《胸中山水奇天下——齐白石山水画精品集》,广西美术出版社,2018年9月版,第70页。

⑧《吟江话月图》:北京画院编,《胸中山水奇天下——齐白石山水画精品集》,广西美术出版社,2018年9月版,第72页。

⑨《行书联》:敖普安、李季琨编,《齐白石辞典》,中华书局,2004年9月版,第382页。

⑩《行书横幅》:敖普安、李季琨编,《齐白石辞典》,中华书局,2004年9月版,第382页。

⑪《曾总均·志熙》:敖普安李、季琨编,《齐白石辞典》,中华书局,2004年9月版,第335页。

表6中所示的作品为齐白石此段时间创作的一部分。从中可以看出,在绘画、书法和篆刻几个方面,不见齐白石与王闿运之间的交往痕迹。其中,齐白石交往较为频繁的人物,包括胡沁园、沁园师母、胡仙谱、罗真吾、罗醒吾、胡辅臣、胡石庵等人,都算是他的旧友。同时,齐白石还于1900年置办了家产,并盖了"借山吟馆"。更重要的事是,他于1902年接受夏午诒的邀请开始了人生第一次远游,至"西安北京,绕道天津上海回家"[65]。这次远游获利可观,回乡后便扩大了地产,并"仍和旧日师友常相晤叙,作画吟诗刻印章,是每天的日课"[66]。这"旧日师友"不知是否包括王闿运;或许见面了,齐白石没有在自述中提到。但可以确定,当齐白石于1903年6月回家之后,在第一时间拜见了胡沁园,并在这一年

为他创作了一幅《华山图》（见表6）。据郎绍君研究，"光绪二十九年（1903）三月，齐白石随夏午诒一家从西安赴北京，路过华阴县，登上万岁楼欣赏对面的华山。当晚便画了一幅《华山图》。不久返家，胡沁园看到这件作品后赞不绝口，叫齐白石将它缩画到一把团扇上。此扇面正是这个缩写本。"[67] 从齐白石自述中的"旧日师友常相晤叙，作画吟诗刻印章"到现存齐白石的部分作品，再结合王闿运的日记，可以看出，从1899年到1904年，齐白石与王闿运之间的交往很少，或者说，在两人之间没有发生太过重要的事情。这对出身贫苦的齐白石和身为名士的王闿运来说，都显得不同寻常。

其实，1864年，不管对清政府还是对湘军众将士，或者对王闿运、齐白石来说，都是特殊的一年：太平天国被镇压，湘军将士归乡，王闿运选择归隐石门，齐白石出生。归隐后的王闿运，其实并未完全消停，他还不时与曾国藩等原湘军集团成员保持多多少少的联系。毕竟归隐石门那年，王闿运才32岁，再加上科考落第，幕府生活不如意，所以他身在石门，心在世道。归隐期间，王闿运还曾于1871年赴京参加会试，不过第二次也是失败而归。此后，便不再寄意于科考，而将主要心思放在了著述和教学上。周柳燕在《王闿运的生平与文学创作》一书中对王闿运一生游学过程作了相对系统的研究，其中还着重讨论和呈现了王闿运青年、中年和老年时期的游历情形。20~30岁时期，王闿运的"出游以江南为主，除湖南邵阳、衡山外，还浏览了江西南昌、湖北武汉、浙江杭州、江苏苏州和扬州等地"[68]，中年时期（31~60岁），王闿运的出游范围更广泛，"足迹南到广东南海，北至山西恒山，东到上海、杭州，西至四川峨眉"[69]，60岁以后，王闿运的游历"以湖南为主，除往来衡阳、长沙，观览两地名胜外，还专程到岳阳、宁乡、零陵等地游览。这一时期他也多次离湘观游，其中，苏州、杭州、济南、江宁、上海等均为旧地重游"[70]。在1899年至1904年，王闿运两次出远门，分别为：1899年末，王闿运过岳阳、汉口、杭州等地游历，还去了三潭印月等名胜古迹。1900年在杭州观览的时间较为长久，并在此会晤了梁启超。后过镇江、岳阳、汉口，当年二月底回到了家。第二次是这一年的三月二十九日出发,经过长沙、岳阳、九江,五月四日到山东临沂[71],九日到泰安,后游济南趵突泉等地。五月下旬开始南下,二十九日到达安徽界首,六月四日过江宁及九江[72],九日即到了岳阳。这次远游与上一次历时相近,一个月多一点时间。从王闿运的日记来看,远游过程中并没有什么特殊安排,每到一个地方,王闿运到访和来访他的人很多。回到家乡后,王闿运的生活又恢复了平静,继续上课、阅卷。其实,与其说"恢复",不如说游历就是他生活的一个部分。一直到1904年,此间王闿运没有再次远游。

齐白石的第一次远游也是发生在这段时间,但他的游历时间要更长,从1902年的10月一直到第二年的6月。从王闿运和齐白石两人的远游轨迹来看,确实存在十个月的错位,但更多时间是处在同一地理区域的。尤其王闿运晚年的生活主要以教学为主,活动范围相对集中,在时间和地理位置上与齐白石有较大的交集。从王闿运的日记可以看出,不管是远游还是在家,他每天的生活除了上课就是接待访友,门庭若市,往来无白丁;有求办事的,有求学的,有问时事的,有寒暄的,也有一些学术交流和生活琐事的记载,林林总总,记述周到繁多,可谓一部鲜活的人生。而其中关于"齐白石"到访记载屈指可数[73],在这厚厚的"人生"书本中犹如晨星寥落,并没有显示出特殊的地方。

也就是说,倘若我们将齐白石的两次拜访和拜入王门还原到王闿运的现实情境中,这两件事是无论如何也激发不了我们的想象的,因为在这种"现在进行时"时态中,想象不出师徒二人之间的关系到底是一个什么情形。与齐白石与胡沁园等人的往来交游对比看,他与王闿运之间的互动就显得格外"清冷"。不仅在诗文、绘画层面,王闿运日记和齐白石"自述"里都难以弥补这些空间。这不得不让我们疑惑齐白石与他老师王闿运之间的真实关系。能够连接此思绪的唯有1904年王闿运及其众人——包括齐白石、张仲飏等一同远游南昌。

关于齐白石与王闿运的交游,奇洁在《湘绮门墙白发新——王闿运与齐白石的师生交谊》一文作了比较详细的梳理和研究。奇洁亦认为:"齐白石一生与王闿运的实际交往，主要集中在1904年和1911年两个时间段。"[74]需要注意的是，这里是"时间段"而非"1904年至1911年"。也就是说，从1899年到1911年，长达12年的时间里，齐白石与其师王闿运只是进行过三个"阶段性"的联系，这显然不同寻常。那么，在齐白石拜师之后时隔四年多为何两人又产生了联系？关于这次远游的缘起，相对比较清晰，即王闿运受时任江西巡抚也是他的密友夏时的邀请南下南昌。这次远行，齐白石、张仲飏都有同行。齐白石是如何参与到这次远游中来的呢？因为王闿运日记缺失了1904年的，所以主要以关于两个人的文献作为参考：

一是王闿运儿子王代功编写的《王湘绮先生闿运年谱》：

江西复遣来迎，十三日登舟，午怡从行。十五日还山塘。二十二日，率与弟复妹黄孙资孙等登舟。[75]

二是齐白石的相关记载，一共三[76]条：

光绪三十年（甲辰·一九〇四），我四十二岁。春间，王湘绮师约我和张仲飏同游南昌。[77]
甲辰，年四十四，侍湘绮师游南昌。[78]
甲辰，闻湘绮老人游江西，予亦往晤。[79]

从齐白石的自述中，我们可以得知齐白石南下，是受到王闿运的邀"约"才去的。在其"状略"中其言"侍"，我们无从得知是谁邀请了谁。第三个，是北京画院藏《齐璜生平略自述》[80]，这里有个关键字"闻"。也就是说，齐白石是听说其师王闿运要南下远游南昌，所以他才有跟随一起前往的意思："予亦往晤。"至少在齐白石这里，就存在另外一种可能，那就是王闿运预先没有邀请齐白石，但是他听说有这个事,所以主动前往。从这个角度看,可能性很大。他听谁说呢? 最有可能的是夏午诒。原因有二:首先,夏午诒于1902年邀请齐白石进行了一次远游,这是齐白石第一次远游,也让齐白石名利双收,不仅卖字画印章获利颇丰,而且认识了不少名人。通过这次远游,齐白石与夏午诒的关系得到了深化和巩固。其次,这次出发的邀请方其实是夏时父子,而且此时夏午诒亦在湖南[81]活动,他跟齐白石应该有联系。既然邀请王闿运前往江西,不邀请齐白石似乎不合常理。第一次远游回来的冬天齐白石还曾赠送给其师王闿运两座石雕小屏风,上有齐白石落款:"弟子濒生刻。光绪二十九年癸卯冬。"[82]据奇洁研究,齐白石这次南昌之行不仅收获不少,而且"七夕当天,齐白石拿到了王闿运亲笔书写的《白石草衣金石刻画》序言和《题〈借山馆图〉》。七夕后二日,王闿运又让弟子陈毓华以自己的口吻,为齐白石撰《齐山人传》"[83]。齐白石请求王闿运这两件事,应该不是心血来潮,一时兴起,可能远游出发前就备好了"材料",所以才有"夏间,曾把我所刻的印章拓本,呈给湘绮师评阅,并请他作篇序文"[84]。

然而,这并非孤例。齐白石第二次有记载拜访王闿运是发生在1906年。当年齐白石远游广西回到家乡,将原先的房屋翻制一新,并命名为"寄萍堂"[85],请王闿运题写了横额。直到7年之久后的1910年[86]、1911年才有下一次的交往,这件事也极其容易引发我们对齐白石与王闿运仅有的几次会面初衷的思考。齐白石在自述中说:

宣统三年(辛亥·一九一一),我四十九岁。春二月,听说湘绮师来到长沙,我进省去拜访他,并面恳给我祖母做墓志铭。[87]

其实,从1905年到1911年前后,王闿运并未远行,活动范围都在湖南省内。虽然在此期间齐白石也曾多次出游,但在家的时间依然不少,从齐白石的自述中可知,远游回乡之后,他多有与曾经的师友交流,但却未见齐白石与王闿运的交往记录,连书画、篆刻往来都极少见。难怪王闿运在1911年2月的那次雅集中说:"濒生这几年,足迹半天下,好久没有给同乡人作画了,今天的集会,可以画一幅《超览楼禊集图》啦!"[88]事实上并非如此。这段时间内,除了远游卖画,齐白石为同乡的朋友画了不少画,只不过这不是王闿运口中的"同乡":1906年为罗晋卿画《赐桃图》以祝其寿,约同年为沁园师母作《花卉蟋蟀》,1910年为谭钟麟画遗像。除此之外,还与不少人有过篆刻往来,不一一列举。综合来看,齐白石与王闿运之间并没有形成或流露出师徒间的情感。齐白石自述中的"闻"不由让人联系到7年前"闻湘绮老人游江西"中的"闻",时隔多年,两个"闻"字却处于同一话语结构中:"闻"一字成了齐白石"会晤/拜访"的动因。这次,齐白石向王闿运提出请为他祖母写墓志铭。齐白石祖母早于1901年就去世,齐白石此时请墓志铭,或许是有特别用途。此年之后,齐白石与王闿运的交往处于一种"停滞"状态。单从这两次师徒交往来看,齐白石"闻"的背后带有很强的目的性,大有"无事不登三宝殿"之嫌,直接影响到我们对师徒俩之间情感深浅的判断,尤其是齐白石对王闿运若即若离的态度,让外人对两人友谊的预期大打折扣,缺乏可信度和说服力。奇洁对此似乎也表示支持。她比较了胡沁园和王闿运两位老师去世后齐白石的状态和表现,认为:"胡沁园辞世,齐白石充满感念师恩的悲痛之情,作诗作文,一再强调'懒也无人管阿侬',以及对胡沁园'半为知己半为师'的情感。而王闿运去世,齐白石的挽联看不出半点悲伤,只是用相当克制的语言叙述了老师'著作等身'的人生和'不忘师恩'的承诺。"[89]

倘若如此,1904年王闿运的南昌之行,是齐白石听说这件事情之后主动提出前往——同时可以实现为自己著作作序和为画作题款的心愿,也就并不让人惊讶了。这两次"事件",既从正面反映出了齐白石对王闿运的某种诉求立场,也从侧面显示出王闿运对齐白石的认可。与此行程鲜明对比的是,齐白石不在王闿运"身边"期间,却与郭葆生、夏午诒、谭延闿兄弟等人之间保持密切交往和联系。所以我们可以回到齐白石1899年拜王闿运为师这件事,并重新梳理师徒二人情义的发展。其一,可以肯定的是,齐白石并非为了提高绘画或篆刻技法才结识王闿运,因为后者在艺术层面都不突出,甚至不能说擅长。那么齐白石最终拜入王闿运门下,可能有其他想法。其二,虽然我们不能仅仅通过一两件事而认为齐白石对待与王闿运的师徒关系是功利性的,但从二人的交往,尤其是齐白石对后者的态度上判断,齐白石与王闿运的师徒关系远不如与胡沁园的。只能说,齐白石与王闿运的师徒关系,都只是人生中的一环,关键是齐白石如何利用这层关系连接其他的"环节"。其三,虽然齐白石是在张仲飏的劝导下最终拜师,但考虑到王闿运的特殊身份(不管是与齐白石本人相比,还是与同样是绅士的胡沁园等人相比,王闿运都不能被忽视)以及他拜胡沁园为师的经历和益处,齐白石的勇气战胜了胆怯,打消了身份差异的顾虑。而且齐白石在拜入王门之前已经结识了张仲飏、夏午诒和郭葆生等人,预先进入了王闿运的"朋友圈";尽管他可能并未认识到(其实也无须顾及)湘军历史已经在晚清构建起的巨大人脉网络并不断延展,但齐白石已经身在其中,他只需沿着这些"脉络"走下去。

注释:

1　许顺富著,《湖南绅士与晚清政治变迁》,湖南人民出版社,2004年5月版,第18-19页。

2　罗尔纲著,《湘军兵志》,中华书局,1984年1月版,第56页。

3　《湘军兵志》,第66-67页。

4　转引自《湘军兵志》,第68页。

5　《湘军兵志》,第69页。

6　《湖南绅士与晚清政治变迁》,第104页。

7　《湘军兵志》,第66-67页。

8　可参见廖一中、罗真容编,《李兴锐日记》,中华书局,2015年1月版,第94-95、156、171页。

9　何炳棣著,徐泓译注,《明清社会史论》,中华书局,2019年9月版,第278-279页。

10　《湖南绅士与晚清政治变迁》,第118页。

11　罗尔纲语。在罗尔纲的言论中,这类"新式绅士"多含贬义。

12　王闿运著,《湘绮楼日记序》卷一,岳麓书社,1997年7月版,第17页。

13　《湖南绅士与晚清政治变迁》,第137-138页。

14　转引自齐德五、温圻、王述恩主修,黄楷盛纂修,《湘乡现志》,卷首齐序,第2-3页。

15　王云五编,王代功述,《清王湘绮先生闿运年谱》,台湾商务印书馆,1978年12月版,第22-23页。

16　《湘绮楼日记·序》卷一,第3-4页。

17　《湘绮楼日记·序》卷一,第3页。

18　李鼎芳编,《曾国藩及其幕府人物》,岳麓书社,1985年9月版,第71-75页。

19　《曾国藩及其幕府人物》,第72页。

20　《曾国藩及其幕府人物》,第73页。

21 曾国藩著,《曾国藩全集·书札》(下),河北人民出版社,2016年9月版,第61-62页。

22 转引自《湘军兵志》,第70页。

23 阳信生著,《湖南近代绅士阶层研究》,岳麓书社,2010年1月版,第394页。

24 《湖南近代绅士阶层研究》,第394页。

25 杨念群著,《儒学地域化的近代形态——三大知识群体互动的比较研究》,生活·读书·新知三联书店,1997年6月版,第201页。

26 "笏山",应为易笏山(1826—1906年),"笏山"为其字,湖南龙阳人,官至四川藩司,光绪十一年(1885年)调任江苏。与郭嵩焘、王闿运等交好,王代功编的《王湘绮先生闿运年谱》(第185页)中尚有记载:光绪二十一年十一月,易笏山来长沙,并到浩园赏月:"易丈笏山自龙阳来省,十六日约至浩园玩月,同步至李真人祠。"

27 熊月之编,《中国近代思想家文库·郭嵩焘卷》,中国人民大学出版社,2013年12月版,第311页。

28 王森然著,《近代二十家评传·王闿运先生评传》,书目文献出版社,1987年1月版,第3页。

29 《湖南近代绅士阶层研究》,第394-398页。

30 《湖南近代绅士阶层研究》,第112页。

31 《湖南近代绅士阶层研究》,第167-168页。

32 原文中只提到"东洲",未明具体。根据《王湘绮先生闿运年谱》中1889年记载:"六月……阅石鼓书院课卷……"可判断,此处"东洲石鼓书院"应该指位于东洲的石鼓书院。

33 《王湘绮先生闿运年谱》,第191页。

34 何炳棣著,徐泓译注,《明清社会史论》,中华书局,2019年9月版,第399页。

35 《湖南近代绅士阶层研究》,第70页。

36 《湘军兵志》,第21页。

37 《湘军兵志》,第138页。

38 《湘军兵志》,第191页。

39 《湘军兵志》,第193页。

40 《湘军兵志》,第195页。

41 《湖南近代绅士阶层研究》,第74页。

42 《湘绮楼日记》卷四,第2195页。

43 《湘绮楼日记》卷四,第2249页。

44 北京画院编,齐白石口述,张次溪笔录,《白石老人自述》,广西美术出版社,2014年10月版,第36页。

45 《白石老人自述》,第39页。

46 《白石老人自述》,第43页。

47 《白石老人自述》,第56页。

48 《白石老人自述》,第59页。

49 《白石老人自述》,第65页。

50 《白石老人自述》,第65页。

51 《白石老人自述》,第52页。

52 列表中,除了特别标出引文的作品,其他信息均来自敖普安、李季琨编,《齐白石辞典》,中华书局,2004年9月版,第177-188页。

53 列表参考对象以绘画作品为主,现存1899年之前齐白石书法作品较少,因此暂不列入。

54 37种印文内容分别为:白石翁(朱文)、阿芝(朱文)、白石草衣(白文)、濒生(朱文)、璜印(白文)、滨生(朱文)、臣璜(白文)、臣璜印信(白文)、古潭州齐璜(白文)、和气(朱文)、璜(白文)、璜(朱文)、寄老(白文)、寄园诗画(朱文)、借山翁(朱文)、今是昨非(白文)、可无不可无一(白文)、乐此不疲(朱文)、梦松庵(朱文)、名璜别号濒生(朱文)、齐(白文)、齐(朱文)、齐伯子(白文)、齐大(白文)、齐璜(白文)、齐璜印信、求真(白文)、任凭人说短论长(朱文)、三十以外之作(白文)、诗癖画禅(朱文)、无相庵(朱文)、一不为少(白文)、英雄本色(朱文)、愿花长好月长圆人长寿(白文)、长年(白文)、长寿(朱文)、字渭清号濒岑(朱文)。

55 《白石老人自述》,第56页。

56 《白石老人自述》,第57页。

57 北京画院编,《齐白石师友六记》,广西师范大学出版社,2020年11月版,第49页。

58 《白石老人自述》，第52页。

59 《白石老人自述》，第54页。

60 《白石老人自述》，第56页。

61 《白石老人自述》，第56-57页。

62 《白石老人自述》，第68页。

63 《白石老人自述》，第74页。

64 表中，序号1、2、6、7、8作品信息参见《齐白石辞典》，第188-191页。

65 《白石老人自述》，第81页。

66 《白石老人自述》，第81页。

67 《齐白石辞典》，第191页。

68 周柳燕著，《王闿运的生平与文学创作》，湖南大学出版社，2010年9月版，第145页。

69 《王闿运的生平与文学创作》，第149页。

70 《王闿运的生平与文学创作》，第159-160页。

71 《湘绮楼日记》卷四，第2299页。

72 《湘绮楼日记》卷四，第2307页。

73 王闿运日记中共13次提到齐白石，前3次都发生在1899年齐白石拜师当年。除了上文提到的2次，还有一次是拜师的第二天，也就是1899年农历十月十九日，《湘绮楼日记》记载："齐生告去，送之至大马头。"（《湘绮楼日记》卷四，第2249页）因为王闿运日记1904年远游南昌部分缺失，直到1911年师徒俩才有更多联系，这一年记录10条，主要围绕两件事：一是齐白石向王闿运求为其祖母墓志铭一文，二是王闿运邀请齐白石雅集，并请齐白石作《超览楼禊集图》。

74 《齐白石师友六记》，第52页。

75 《王湘绮先生闿运年谱》，第239页。

76 如果从记载次数上来说应该是4次，因北京画院藏齐白石手稿《齐白石状略》和《齐白石自状略》中关于这次远游的记载内容相同，故此处行文只取其一，算一个条目。

77 《白石老人自述》，第81页。

78 北京画院编，《人生若寄——北京画院藏齐

白石手稿·信札及其他卷》,广西美术出版社,
2013年12月版,第109页。

79 齐白石著,《齐白石诗画文篆刻集》,台北河
洛图书出版社,1975年9月版,第8页。

80 关于齐白石的个人状略,现存有四个版本:
一是齐白石"自述",由张次溪整理出版,此为
最常见出版物;二是《白石传略》初稿原本,写
于1940年;三是《白石自状略》是定稿本,写
于1940年;四是《齐璜生平略自述》(也叫《齐
白石生平自状略》),写于1937年。此处笔者
引用内容来自第四个"自述",因时间最早,准
确度相对高。

81 通过王闿运的日记可以看出,至少在1904
年的1月,夏午诒与王闿运经常见面。如2月
3日"与夏午诒略谈",5日"午诒告去,送至抚
蜀",6日"晨起送午诒"(《湘绮楼日记》卷四,
第2610、2611、2611)。

82 郎绍君著,《齐白石研究》,人民美术出版社,
2014年7月版,第84页。

83 《齐白石师友六记》,第52页。

84 《白石老人自述》,第81页。

85 关于齐白石请王闿运题写匾额的事情,齐白
石的日记和自述中记载不够详细。但是这个
横额确实存在,齐白石客居北京的时候还一
直携带身边。但是,齐白石若请王闿运题
写,最可能的时间是1906年当年。

86 齐白石自述中记载,1910年,王闿运曾请齐
白石刻了几方印章:"湘绮师也叫我刻了几
方印章。"(《白石老人自述》,第98页)但不知
师徒二人是如何联系;其次,这一年年底,
即宣统二年十一月二十四日,齐白石有过一
次登门拜访。据王闿运日记记载:"朝食时齐
木匠,王、颜两生,二周生来,久坐,余起人皆
去。"(《湘绮楼日记》卷五,第3084页)

87 《白石老人自述》,第99页。

88 《白石老人自述》,第99页。

89 《齐白石师友六记》,第69页。

第四章

远游视野下，齐白石的主体建构及确认

尽管在王闿运与齐白石的师徒生涯中二人交往并不能说密切，但可以肯定的是，齐白石直接或间接受到的王闿运的影响非常明显。齐白石与王闿运对远游、交游这种生活习惯的接受是共通的。王闿运对远游的认识很早就有了自觉意识，甚至曾经计划写一部书，记录自己的交游经历。从他个人的交游实践来看，不管是客居还是近交，王闿运始终保持与外界频繁而广泛的交流。不能说齐白石的交游想法一定受到王闿运的影响，但自被同门夏午诒邀请第一次远游之后，齐白石长期远游在外。如果说，在湖南省内，齐白石对交游及主体建构尚不明确的话，那么自从远游之后，尤其是定居北京之后，齐白石开始有意识地在交游中建构群体认同结构和确认主体身份。随着时代动荡、时代演进、认识变迁等，齐白石面临着前所未有的挑战，如客居与地域、木匠与画家、生计与市场等，无不促使齐白石及时调整方向利用自身的机遇突破困境。但同时，我们也发现，齐白石在自述、日记、绘画题跋等文献中为我们塑造的个人与他者之间的关系形象，有些并非如此。如上文提到的他对王闿运的游离状态，下文中，我们将看到他与樊樊山、陈师曾等人之间的交游，亦在"细节"处出现错位。

中国美术馆创作与研究丛书
晚清民国时期齐白石交游研究

第一节

"文人式"的邀请
——"于游历中求进境"

　　与齐白石此前拜胡沁园和王闿运为师一样,齐白石依旧是接受了别人——夏午诒的建议才对他的第一次远游作出了决定。但这次与前两次又稍有不同。第一次,胡沁园用"卖画养家"的经济收入"诱导"齐白石弃斧斤而执画笔。不管从物质还是从精神上来说,这次转变都是齐白石一生中最为重要的事件。从齐白石后来的回忆可以看出,他对胡沁园的知遇之恩时刻铭记在心。第二次,齐白石扩大他的交际圈是接受张仲飏的劝说,拜入王闿运门下。从上文分析可知,齐白石对其师王闿运的热情和关心程度要远远弱于胡沁园。在金石书画交流和现实往来中,师徒二人的交往反倒给人以若即若离的印象。一方面,在齐白石身上,并未显示出从师学习的强烈欲望。他对王闿运的关系仅表现在几次具体的事务诉求上,一旦实现,就不再有连贯性的联系和交往。另一方面,虽然齐白石、张仲飏和曾召吉被称为"王门三匠",但这种称呼的影响和现实意义似乎非常有限,并未在齐白石及其他人身上形成连锁反应。王闿运的一生足遍天下、友朋天下、桃李天下,并且与之相交的达官贵人、有志之士不计其数,齐白石只是其中一个并不显赫的交往对象。关于这一点,不仅王闿运本人清楚,齐白石也应该有所体会。所以我们看到,齐白石早期以胡沁园等师友为中心的交游方式在王闿运这里发生了转变。但是,并不是说齐白石远离了胡沁园、王闿运,也不是说后者对其没有任何影响,而是说,齐白石不再需要完全依托胡沁园、王闿运而能够自主生活,特别是实现了经济上的相对独立。所以,当夏午诒邀请齐白石远游的时候,齐白石心里想到的是"不希望发什么财,只图糊住了一家老小的嘴,于愿已足"[1]。此前的1900年,齐白石一家有了新居,搬到了梅公祠,这是齐白石第一次通过自己的艺术收入改善家里的生活条件。此时,与其说齐白石在物质生活上得到了一定的满足,倒不如说他对通过篆刻、绘画挣钱的方式充满了信心和希望。

齐白石的信心来自两个方面:一是之前他已经通过艺术方式获得的收入,让他及家人还有周围的人认识到这种维系生活的方式是可行的,甚至是令人感到意外和羡慕的。二是郭葆生从西安发来的长信:

无论作诗作文,或作画刻印,均须于游历中求进境。作画尤应多游历,实地观察,方能得其中之真谛。古人云,得江山之助,即此意也。作画但知临摹前人名作,或画册画谱之类,已落下乘,倘复仅凭耳食,随意点缀,则隔靴搔痒,更见其百无一是矣。只能常作远游,眼界既广阔,心境亦舒展,辅以颖敏之天资,深邃之学力,其所造就,将无涯矣,较之株守家园,故步自封者,诚不可以道里计也。关中凤号天险,山川雄奇,收之笔底,定多杰作。兄仰事俯蓄,固知惮于旅寄,然为画境进益起见,西安之行,殊不可少。尚望早日命驾,毋劳踌躇![2]

这封信是齐白石自述中难得引用别人的长文、"全文",由此也可以看出时隔近30年之后,齐白石对此事多么重视。这封信缘起于夏午诒邀请齐白石去陕西西安远游,此时,他和夏午诒共同的好友郭葆生亦在西安,后者为齐白石能够下定决心尽早启程去西安,给他写了这封信。因为这封信现在不知在何处,也没有其他文献能够予以佐证,所以我们不能确定这封信是否完整或是否和原件内容存在出入。从以上内容上看,郭葆生发表了他对写诗作文篆刻和绘画等艺术创作的观点和评价,尤其对绘画学习和创作表明了他的看法。首先,他认为要多游历,艺术在游历中才能获得进境。这里的"游历"一语双关,既指这次去西安的远游,也指向了远游本身对创作实践的积极影响。再次,郭葆生在信中指出,关于绘画学习过程中容易出现的弊端,包括临摹(前人名作或画册画谱)、道听途说、"随意点缀"等,都是不可取的。其次,对齐白石个人作了评述,认为齐白石本身天资聪明、刻苦认真,是个可造就之才,并告诫他不能"株守家园""故步自封",而是要通过远游打开眼界,才能创作出更多艺术杰作。最后,郭葆生还不忘强调,希望齐白石在"惮于旅寄"和"画境进益"两者之间作出抉择。

最终,齐白石选择了后者,决定北上远游。可以肯定的是,齐白石接受邀请,不单单是因为其旅费等物质条件得到优先解决,更重要的,是郭葆生将齐白石置于怎样的话语逻辑和结构中进行评述的,同时齐白石对此应该有所察觉。我们从两个方面看,其一这封信虽然是出自郭葆生,但在齐白石看来,这封信其实代表了以郭葆生、夏午诒为代表的"新式绅士"的立场,甚至也可以说是以王闿运为中心且被道统所认可的价值观。对齐白石来说,这是一个他所向往且试图跨越的价值藩篱。其二郭葆生心中所谓的"古人"显然是有所指向的,他认为齐白石应该向他们看齐。齐白石在随后的游历过程中不由感慨:

> 每逢看到奇妙景物,我就画上一幅。到此境界,才明白前人的画谱,造意布局,和山的皴法,都不是没有根据的。[3]

这里的"前人"与郭葆生的"古人"基本一致。即是说,在齐白石的游历过程中,他显然是把自己比喻或想象成了"古人""前人"。所谓"到此境界",其实是齐白石在语境和实境中植了自己的身份形象,只有这样,他才能够获得传统文人关于绘画修养衣钵的合法性。

从这封信中，我们能够隐约体会到齐白石对画家身份的自我想象。当然，这种意识在当时和百余年之后的今天的强弱程度是不一样的。齐白石自述的时候，他已经功成名就，我们无法完全根据其"语境"来确定他在1902年看到这封信时的真实想法。这封信的重要性可能在此之后越发显现，但这并不是绝对的。因为，齐白石在经历1909年的远游之后，回到了家乡，并在家乡居住了8年之久，其间并未出湖南省。这不得不让我们反思齐白石对"画家"这一身份和职业的理解。

齐白石在数次远游过程中，不仅结识了众多省外的著名人士，他们的身份和职业各不相同，同时也在不断巩固和加深与旧友及同乡等关系人员的友谊。或许因为齐白石的艺术成就及名声还相对有限，所以齐白石的早期远游呈现一个"依附性"的特点，即他的交游圈往往以某一个人为中心，然后扩大交游范围。多数时候，这个范围是受外部力量影响的，齐白石本人对此并不太热心。比如，他认识樊樊山，是经夏午诒引荐，在第一次游历的过程中，还认识了曾熙、李瑞荃等人，从这些人的身份和与齐白石交往互动的事情来看，主要是诗文与书法领域的；虽然期间也有好友向齐白石索画，但往往是单向的，并未形成像诗文、篆刻一样互动的状态。一方面，齐白石不断为他的雇主（尤其是像夏午诒这样的东家）画画；另一方面他也不断利用身边人脉、途径等尽可能多地获得石涛、八大山人等他较为感兴趣的绘画资源。

齐白石早期的活动较为保守，研究其交往范围除了交往人员范围，就是艺术作品流向。早期齐白石交游的目的相对比较明确，就是为了挣钱，这一点儿从未动摇。这部分收入分为固定和机动两个部分。所谓"固定收入"，即雇主定期给的，对应着固定的任务，比如教如夫人们画画，或为某人代笔等，多数时候需要事先商定，各自清楚以便守约。所谓"机动收入"，即齐白石在交游过程中所延伸出来的业务，这部分并不是由外人决定，而只能取决于齐白石个人。这种事情经常发生，他在日记中有记载：

未刻过嗣元，有宋某者以十金索余工笔中幅，余辞之；又以四金索一美人条幅，亦辞去。余为夏大知我偕来，重金轻情，非君子也。[4]

这里显示了齐白石在交游中重"人"而轻"艺"的倾向。不管是作为画家还是篆刻家，齐白石并没有将自己的身份独立出来。在他看来，情谊和金钱是博弈的状态，非此即彼。另外一件事也能说明他对艺术的态度。樊樊山为齐白石书写了润例，到北京之后，夏午诒建议齐白石将此悬挂对外公开，齐白石拒绝了，他在日记中记载：

午诒欲鲽翁为书壁单示人，余固白不必。既去岁已经西行之难，今年又相北上，君知我者，与君乘兴而往，非刚图名利，为他人作嫁衣而来也。午诒果不以姓字与人，知心过于葆荪。[5]

从这两次经历来看，齐白石恪守了与夏午诒的雇佣关系。在这个逻辑下，外部的一切买卖都显得不合情理。在人与钱之间，齐白石选择了前者，而非只图名利。这并不是说齐白石不缺名和利，而是在这种人际情境中无法独善其身。为了"人"，齐白石收起了他的艺术市场，让它局限在少数人之间。一方面，这可以突出人与人之间的交往，而艺术在剔除了苍白的利益表层之后，剩下的就是艺术的本质。这个"本质"到底是什么，齐白石是否已理解，别人是否认同和接受，我们不得而知。但齐白石以名利为代价，消除了此阶段交游过程中的人与人之间的隔阂。另一方面，也正是在人与人的交往中，齐白石逐渐确认了自身的身份。1904年9月，齐白石在《借山馆记》一文中曾对此作出总结，言：

余少工木工，蛙灶无着处，恨不读书。工余喜读古诗，尽数十卷。光绪庚子二月始借山居焉，造一室，额曰借山吟馆，学为诗数百首。壬寅冬，以篆刊应友人聘之长安;癸卯春,相将入都为画师。身行万里,鸟倦知还,古迹名山绝少题咏。固知诗之难,虽泥上爪痕,亦非偶然耳,客来谈诗辄笑不答。甲辰春,薄游豫章,吾县湘绮先生七夕设宴南昌邸舍,招诸弟子联句,强余与焉。余不得佳句,然索然者正不独余也。始知非具宿根夙学,盖未易言矣。中秋归里,删馆额吟字,曰借山馆。[6]

青灯有味,事与愿违。越明年,将欲仍为旧业。感生平之遭遇,信执鞭之非我。老冉冉其将至,恣吾意之所之。苍海横流,靡有既极,得尽天成,以乐余年,复何求哉。[7]

这一短文原是记载他1904年七夕前后跟随王闿运远游南昌的一段经历感言。因聚会中齐白石未能接连诗句,自觉惭愧,所以回到家乡之后,痛定思痛,决定把之前寄托了他诗文理想的"借山吟馆"一名改为"借山馆",删掉了"吟"字,以此自勉,所谓"中秋归里,删馆额吟字,曰借山馆"。作为一段带有反省情感的文字,其内容必真且切。尤其值得留意的是,齐白石总结了以往的经历,特别提到"少工木工""工余喜读古诗""以篆刻应友人聘之长安""相将入都为画师""仍为旧业"等。齐白石在不到300字中,几乎将自己的前半生做了一次总结,文字主题围绕诗展开,但贯穿始终的是他对自我身份的回顾和梳理。从工木到篆刻,再到画师,齐白石尝试为自己的身份或职业做一次确认。最后所言"仍未旧业",多少带有一些失落和意气。因为,在第二年,齐白石进行了他的下一次远游。

齐白石的第四次远游的性质其实与其第一次相仿,名义上是接受雇主亦好友郭葆生的邀请远离家门,但齐白石远游的重心明显发生了转移,即由"人"转向了"利"。并不是说齐白石放弃了做人的原则或只为了名利,而是说,他似乎更加适应了交游的氛围,对人事的把握显得更加游刃有余。1909年4月,齐白石为李苹夫刻印章一枚,并有边跋:"复感平生自以草衣阅人多矣。能工诗工书者,遇王闿运先生及瞿蜕园公、樊樊翁、夏天畸、余去非、汪无无(疑衍一字)、李筠盦、曾子缉。独与李梅痴咫尺神交，未能相识，正与太守同，皆为恨事。"[8]在此，齐白石向神交之友李莘夫"倾诉"了自己的交友经历。李莘夫即李经野，当时是廉州（今广西壮族自治区合浦县）太守，而郭葆生是钦廉道，1916年齐白石经樊樊山介绍认识的易顺鼎在此之前也担任过此职。从边跋得知，齐白石与李莘夫并未谋面，而是跟他与李瑞清一样，属于神交。齐白石与李莘夫有来往，应该是郭葆生的介绍。齐白石此次远游，主要是为郭葆生画画，其中一个任务就是为郭葆生应酬，或刻印，或作画乃至代笔。齐白石与李莘夫之间的"友谊"有多少是人情往来，又有多少属于真情实感，我们不得而知。但是，从齐白石这般坦诚相待的话来看，虽然李莘夫是个做官的，但齐白石极其敬重他。在这段陈述中，齐白石先是自放身段，说自己是一介草衣，然后，话锋一转，说自己认识的人很多，包括擅长诗文和书法的人，这些人包括其师王闿运、当时已名满诗坛的樊樊山、与之相熟的夏午诒、1903年取得进士的曾熙，以及神交之友李梅痴等。在齐白石看来，他所说所交之人，李莘夫理应认识，而且应该认同他们在诗文和书法上的成绩；并且在官阶和艺术成就上，多不亚于李太守本人。齐白石罗列自己的朋友圈似乎用意也非常明确，即自己作为一介草衣，不仅成为王闿运的门生，还与这些名士和高官有交往，暗示了自我"草衣"身份之外的附加值。齐白石能对李莘夫如此倾心，说明二人交往不止一次。但从齐白石的自述和日记来看，二人的交往又仅此而已。这对齐白石来说，又何尝不是一次"恨事"。

从齐白石这次边跋我们也可以看出，齐白石一改自己以往拘束的交往心态，开始有意识地借力衬托自己。在1905年齐白石出游桂林的时候，他就尝试"借重他（樊樊山）的大名，把润格挂了出去，生意居然很好"[9]。既然以刻印卖画为生，利总不能少。但在人世相处中，利和名却是可以发生转换的，尤其是名人效应，在齐白石身上已经生效。当他表明自己"草衣"身份的时候，这种"名人效应"无疑会更加明显。

不管是郭葆生的那封信，第一次远游结识的好友，还是借别人大名而获利颇丰,以及齐白石的自我反省,对齐白石自己来说,在某种程度上这些都似乎是一种假象,它们每每出现的时候,仿佛促使他必须作出某个抉择:是为求"画境进益"做一名画师,还是不辱师门"天天读些古诗词",抑或要"仍未旧业""以乐余年"?虽然这些没有成为齐白石生活中明确的人生命题,但却时常在他的诗文、日记、题跋等内容中出现。在这个过程中,齐白石坚守不变的首先是想着自己要安身立命;可能来自儿时和家庭的贫困记忆,强化了他现实生活中的物质危机意识。齐白石并没有更好的方式化解这样的危机,首先它已经以某种固化的形式沉淀在他的记忆中。其次,这种危机意识确实始终存在——不是因为自己做得不够,而是外界的变化让他不得不作出事与愿违的改变。郎绍君先生认为齐白石始终在"大潮之外","大革命和文化变迁的潮流仍在他的心身之外,偶尔溅一朵浪花,也是无意和不觉其然的"。[10]如果以齐白石个人、家庭和社会构建一个同心圆,这个同心圆无疑是内向发展的。他在社会、家庭与个人之间预留了大量空白地带,在外界来袭的时候,他得以坚守和防卫自己的阵地,他的方式就是用艺术及其身份。所以,当他与李荸夫交往或者在日记中自我反省的时候,他有意向外界表明自己的"草衣"、木匠、画家以及诗人的身份,一方面是自我退缩,以"草衣"这一富有传统文人隐逸文化背景的词汇使自己独善其身,消除外界对自己的顾虑;另一方面与"草衣"相称的文化标签有很多,诗人、画家是主要的两个方面,从拜胡沁园和王闿运为师之后,齐白石对此二者有了自己的理解,尽管很多时候是一种情面上的争取,但传统文人的界定标准,个人无法强制性地改弦易辙。所以,当其在自述或日记中对此作出抨击或远离的时候,他以篆刻、绘画或"分韵斗诗,刻烛联吟"[11]的实践和交游方式尝试对身份进行自我塑造。

1905年,留存数千年的科举制度退出历史舞台,这一数千年未有之社会大变局似乎确实对齐白石没有产生多少明显的影响,或者更准确地说,他对此反应并不大。科举制度取消当年的上半年,齐白石在家乡,与往日旧友诗书画往来;7月的时候,应汪颂年邀请前往桂林游玩。在其后来的自述和日记以及题跋中，关于废除科举制度这件事他未曾提及，仿佛并未发生过一样。相反，他的老师王闿运在1905年第一篇日记中就写道："科举将停，宜改为毕业等第，需二张议耳。"[12]而此时，离科举制度正式被取消还有9个月之久。寥寥数字，显示了王闿运等人的失意和无奈。作为儒家思想的一位坚实"卫道士"，王闿运始终是科考制度的忠实参与者和支持者。他个人曾两次进京参加会试，虽然均以失败告终，但他并没有因此认为科举制度有失公允，恰恰相反，他认为这是遴选和考核人才的不二之选。其晚年投身到书院教育事业中，培养出多位中榜学子，也在一定程度上弥补了自己的遗憾。可以说，王闿运既是科举制度的积极参与者和拥护者，更是这一文化体制的被塑造者。

在这方面，他的学生齐白石与他保持了相当大的距离。齐白石虽然始终活动在胡沁园、王闿运等交际圈，也曾获得樊樊山、夏午诒等人推荐为官，齐白石都婉言拒绝。齐白石将这些人世外象的东西通过自述、题跋以及日记记录了下来。而我们知道，现实中，齐白石并未曾与官方或有官方背景的人脱钩。我们甚至可以说，没有后者，齐白石的人生和艺术将会是另外一种模式。胡沁园、王闿运等代表中国封建社会士绅阶层，夏午诒、郭葆生等既是晚清湘军的继承者，也是社会新时期的新式绅士。齐白石乐于与之相处。在给李荩夫的刻印中，还有意借用他们的大名推广自己。也就是说，齐白石的诗人身份若想得到外界的认可、认同，则必然少不了王闿运、樊樊山等人背书，齐白石应该深谙此理，否则也不会如此看重诗文和诗友。与诗人身份相比，画师身份在齐白石看来或许有所不同，包括刻印。因为，有一点非常明显，而且众所周知，刻印和绘画对齐白石来说，无非是为了挣钱养家糊口的；它们当然也有精神层面的内涵，但在现实生活面前，齐白石无暇顾及。他在远游过程中，毫不避讳"卖画刻印为生"[13]这种现实目的性。在中国传统文人那里，吟诗、作画似乎天然一体，古人亦追求"诗中有画、画中有诗"。但因齐白石特殊的出身，诗文的原初功能和内涵都发生了转移，胡沁园、陈少藩对此曾定了性。也就是说，诗对于齐白石和以胡沁园、王闿运等为中心的其他人来说，是处于不同价值空间中的身份标签。说得直白一些，在一般人看来，吟诗是风雅之事，为"斯文人"专属，而齐白石是木匠，不够"斯文"。齐白石当年遭遇此非难的时候并没有做太多抗议，而是选择了妥协。或许他也以为，别人说的确实有些许道理。理从何来？就是在数千年的文化制度下逐渐形成的伦理、道德、制度、价值等观念，对当时身在其中的个人来说，是无法跳出文化或制度的樊笼而从外面审视甚至批判这一现象的。数十年之后，齐白石对他早年的这次遭遇依旧耿耿于怀，并通过自述向外界"重现"了当时的情境。

我们应该意识到，齐白石得以对早年遭遇的这次事件进行重新批判，不仅仅因为那是事实而心不甘，更是因为延续数千年的文化制度、社会、经济体制等在1905年和1911年发生了前所未有之巨大变化，新的时代提供给齐白石一套新的社会制度和价值体系。而这一社会制度及其一整套价值体系，在这里重组了中国古代传统的诗、画的关系。说得更准确一些，时代的变迁在一定程度上弥合了诗人、画家等不同身份与齐白石的草衣身份之间的鸿沟。如果这个逻辑成立，那么郭葆生写于1902年的那封劝导信，在近40年之后，对画名远扬的齐白石来说就具有特殊的历史意义。一方面，它是促成齐白石作出远游决定的重要动力，没有朋友的助推，齐白石很可能不接受夏午诒的那次邀请。当然，更为重要的一方面是，它以"画境进益"为名开启了齐白石自身的绘画记忆和实践。

当然，正如前文所言，齐白石极有可能将郭葆生的那封信看作了"文人式"的邀请，但也并不是绝对的。那次远游之后，齐白石似乎模仿了他的老师王闿运而归乡隐居，过起了"日出而作日落而息"的普通乡民生活。齐白石于几次远游之后，时年四十八岁的时候选择回到家乡，因为他"自觉书底子太差，天天读些古文诗词，想从根基方面用点苦功。有时和旧日诗友，分韵斗诗，刻烛联吟，往往一字未妥，删改再三，不肯苟且"[14]，这是其一。其二，"还把游历得来的山水画稿，重画了一遍，编成《借山图卷》，一共画了五十二幅"[15]。包括刻印，在居家这段时间，齐白石也是精益求精，在与往日印友的不断切磋中有了新的提高。从这里也可以看出,齐白石在对待诗文和绘画及篆刻上的态度是不同的。在他的意识中,"书底子"几乎等同于"古文诗词"。也就是说,在他看来,要想提高自己的修养、涵养,就得多读"古文诗词",而且将最终行动落实到在"分韵斗诗,刻烛联吟"上,后者成为齐白石改变"书底子差"现状的重要内容和手段。齐白石对诗文本体的这种认识来自他与老师、朋友等之间的交游体悟。在胡沁园那里,他实现了从无到有,并在诗友的交流中逐步提升;拜师王闿运之后,齐白石明显意识到自己在诗文方面的欠缺。在后来的几次远游中,齐白石以诗、画、印会友,并结识了不少诗坛名宿,即便诗文方面依然欠缺,这些交游经历也能够强化齐白石对诗文重要性的认识。尤其是当诗文成为这些社会名流最普遍的共同话语的时候,这种"强化"会变得更具紧迫性。

第二节

交游中的身份认同与话语机制流变

　　齐白石早期的交游群有一个主要的特征,即大多数有功名在身,或接受过传统教育,或师承有道;哪怕是铁匠张仲飏,最终也在功名上有所成就。他们是齐白石口中的"斯文之人",不同的是,齐白石并非因为会作诗或为了争取功名才与他们交往。在最初的意识中,齐白石只是想通过卖画为生,绘画仿佛一个"楔子",嵌入其早年的艺术人生。在很长一段时间内,他始终坚持绘画、篆刻,并非对此抱有理想,而是因为它们能为自己带来持续的经济收入;毕竟,诗文这类"斯文人"的雅事,往往与金钱的关系不是很密切,不能为齐白石解决长期面临的物质问题。所以,当齐白石反复强调如何润色、修改诗文和改变"书底子"差的时候,绘画尚且处于"数量"上的差异,他并未对绘画有过多的要求。同时,因为黎薇荪等旧时印友相伴周围,齐白石对刻印的关注亦多于绘画。他曾在自述中借胡廉石和王仲言之口点评了自己远游后的绘画改变,说"远游归来,画的境界,比以前扩展得多了"[16]。齐白石对绘画"境界"概念的认识或许来自一般的古文诗词阅读,但更可能与郭葆生的那封信有很大关系。齐白石之前主要通过为别人画像挣钱,偶尔也会为别人画一些纪念意义的风景题材绘画,但这并不是他的主业。

　　所以,正如前文所言,齐白石的"画匠"或"画师"概念与一般人的理解是存在一定差异的;而且与他后来对绘画的理解也有出入。郭葆生在信中所描述关于绘画学习和创作的"模式",也正与齐白石早期画风和其对绘画的理解不同。表面上看是题材上人物与山水的差异,实质上是两者题材背后所指涉的身份问题,即画像更多是为了生计,不管是现实人物还是神像功对,实用性大于艺术性。郭葆生在信中所言之绘画,虽然没有明确是人物还是山水题材,但"画境"却存在一定的暗示。"画境""境界""诗境""意境"等词汇,是以文人画为代表的中国绘画最主要的美学范畴,它不仅在审美活动上有审美愉悦作用,在创作实践上也有非常吸引人的指导功能。尤其是苏轼提倡文人画之后,"诗中有画,画中有诗"的文人画追求成为超越笔墨技法的重要旨归。郭葆生、胡廉石以及王仲言等,不管在个人修养、学识和身份上,都要比齐白石在理解文人绘画层面更有发言权,甚至一定程度上可以认为,他们是这一价值观的执行者和代言人。所以,不管是别人还是齐白石本人,在齐白石的作品中体验到了"境界",并以此来作出评价的时候,已经暗示了另一套话语机制在发挥作用。

话语权力背后是一整套文化机制的运作,不管是执行者还是被执行者,在一定的文化场域中都对此默认。曾经被认为不是"斯文人"的齐白石,与"风雅之事"是相隔的,不是因为不会风雅或不能风雅,而是"不合时宜"。也就是说,齐白石的木匠身份与文人话语机制不相兼容,容易发生冲突。齐白石听从了郭葆生的建议,放弃一味临摹和故步自封,在游历中求进境,实现"类文人化"的画境转变。在刻印上,齐白石则"把汉印的格局,融会到赵㧑叔一体之内",被黎薇荪评价为"古朴耐人寻味"。绘画的"境界"也好,刻印的"古朴"也罢,对齐白石来说,得到双重认可便于吸引更多人追捧,所以其目的并非完全出于艺术对象的提高。那么,在他看来,其中含有多少"人情世态"[17]呢?

"人情世态"是一把双刃剑,一面维护着中国封建社会尤其是人与人之间的伦理秩序稳定,一面又在这秩序内部划分出难以逾越的道德界线,各自遵守人际法则。然而,对于始终处于"大潮之外"的齐白石来说,他在没有意识和能力从外部改变这一秩序的时候,只能身居内部,在自身上寻找"附着点"。在既有的秩序下，木匠、画匠、刻印和诗人成为他少数可选的"点"。当1905年科举制度被取消，学而优则仕的晋升通道被切断，千千万万士子的精神依托随之消失，而由此引发的个体的精神危机在齐白石身上要弱很多。因为，齐白石的精神依托不在外，而在于内；不在于文化体制，而在于物质需要。他对画师、诗人等身份的追求和塑造，基于最基本和最朴素的文人道德，处于文人性和物质性的临界点，齐白石既无法完全舍身从后者跨入前者，也无法割舍对前者的依恋。

如果说，远游的历程，促使齐白石对身份归属产生思考和焦虑，那么其居家的数年里，这种心理要弱很多。因为乡间相对封闭、原始和稳定的社会环境，能够给人带来一种安逸舒适的感觉。一是有熟悉的人事关系。齐白石回到家里那段时间，主要跟旧友在一起，偶尔还跟黎松安、夏午诒、郭葆生等曾经远游过的人联系，但像樊樊山、曾熙（1905年由北京回到南京）、易定顺等远游中结识的新人，齐白石与他们基本断了联系。与旧友在一起，可以加深彼此情感、增进文艺交流，在这个过程中，齐白石与旧友之间的关系得到很大改善，甚至修复了曾经彼此存在的误解。[18]二是有共同的文人雅事。此时，经过远游，齐白石在诗文、书画和印刻方面有了明显提高，在乡间的名声也更大，所以，在这样和谐的氛围中，身份冲突问题暂时得到缓解。马璧在《对白石老人的怀念》一文中提到，他的父亲马元亮生前也喜爱国画，曾经在1913年拜访过当时居家的齐白石，"他老（其父马元亮）便随身带了自己的作品（包括山水、人物等）去向齐先生求教。白石老人很高兴，很愿意和先父交朋友。因为当时乡下能有这样的同好知音是很不易的事情。从那时起，他们之间的交往延续了二十年之久"。[19]马元亮对国画的爱好，应该与齐白石的情况类似，区别在于，齐白石可能在师承关系和艺术声名上更有优势。齐白石能以老师的身份得到同乡人认可，恐怕是他没有想到的。

远游期间，齐白石还直接或间接参与到科举制度取消后的晚清乡村教育中。据黎锦明回忆，1910—1912年，齐白石曾多次到访他家。当时其父黎松安，正准备在家里兴建小学，希望得到齐白石的支持，他对齐白石说"予倾与同里商建杉溪学校,以教育寄读儿孙,任重予力不逮也。今老友来以诗画赐教,足以解忧也"[20]。于是,齐白石"悉出其丹青刀锉,置素馔"[21],说:"今逢民主初肇,举国欢腾之际,引吾出庐者,大好盛事之光也。"[22]这里所说的"民主初肇"应该指的是1911年中华民国成立。齐白石由学校之教育,联想到国家之大事,显示了他并非对外界一味屏蔽。或许在他看来,中华民国的成立让社会变得更加"民主",此时他"出庐",是民主的体现。齐白石所谓的"民主"是否如政治层面内涵一致,我们不得而知。但由此可见,他对社会民主的趋势是极为赞同的。作为新式学校的建设,既是盛事之举,也是民主的结果。黎松安此时团结乡人兴办教育,显然不在私而在公。私,可以说是私塾性质的教育资源,也可以从主办者身份来看,属于私人参与。以往,乡下学堂都是由乡绅或官方主持操办。而公则更自不待言,属于官方层面的稀缺资源,它不仅提供一个学习的场所,还可以使学子们走上仕途。齐白石的私塾生活,让他刻骨铭心;他不仅没能获得最基本的私塾就读机会,还由故切断了他与科考之间的"脐带",对他来说,这种儿时的"创痛"随时可能因为外界刺激而再次涌上心头。数年前,当齐白石去桂林远游的时候,宝庆人蔡锷邀请他为当时巡警学堂的学生教授绘画的时候,他拒绝了,因为他担心学生闹事自己管理不好。晚清的巡警学堂起源和发展与日本关系密切,它的师资队伍主要由赴日本学习警务的归国留学生构成。蔡锷于1904年从日本留学归来,之后加入了广西军政界,并在当地创办了巡警学堂。据说,蔡锷本人想跟齐白石学画,也被他"婉辞谢绝"。[23]

虽然,之前齐白石有过教画的经历,但都是为个人服务,没有以一位公共的老师身份教过画。在桂林与蔡锷的相识,是他第一次接触晚清新式学堂教育。或许在他个人看来,画画或教画很多时候是个人的私事,既不需要有任何责任或义务去教授别人画画,也无须关心画画对学堂学员或学堂教育的重要性。蔡锷曾两次留学日本高校学习,虽然我们对他在校所学的具体课程无从知晓,但蔡锷提倡学员学习画画的想法绝非仅仅出于减少学员外出闹事的考虑。作为新式教育培养出来的军官,蔡锷的办学思想已经与传统的私塾、书院教育有所不同。在警务学堂加入艺术教育,就当时的社会环境、教育理念和巡警学堂来说都堪称破天荒的想法。当然,不排除这是蔡锷的一次偶然想法,但即便如此,也极具创意。只不过,蔡锷没有坚持实现这个想法,齐白石亦未能从公共教育服务者的角度思考这个问题,偶然而短暂的接触中,齐白石错过了新式学堂。

1912年,当齐白石友人黎松安在家乡办校兴学支持乡村教育的时候,他是欢欣雀跃的。但他所理解的"民主"到底是何意,我们无法揣测,很可能是"拿来"之概念。所以,与其说他对"民主"持欢迎的态度,倒不如说是对友人办学造福一方的支持。后来,齐白石为黎松安画了四幅民俗题材的工笔画,其中包括《观音送子》《钟馗戮怪》和《铁拐李》。《观音送子》寓意"松庵公方事为人教育儿女也"[24],《钟馗戮怪》寓意"松庵公居隐,律己教人,大得正途,怪可诛也"[25],《铁拐李》寓意"松庵公不图名利,将来毋得为游仙乎?"[26]。在齐白石的自述及日记中,我们尚未见到黎锦明回忆中的这些内容,或是他不曾记得,抑或是不小心遗漏。总而言之,从黎锦明回忆可以看出,齐白石并未实质性地参与到黎松安开办的学校教学中,他对新式学堂的支持,最终流于对老友事业、人品的推崇。

从以上齐白石对两所新式学堂的态度,我们似乎能隐约感受到他对绘画这一"职业"的认识。他对待是否为巡警学堂学员上课这件事情上,想到的是涉及自身的两个方面:一是,是否会危机到自己的人身安全,担心学员闹事把他"轰了出来,颜面何存"[27],所以决定不去。二是,蔡锷给的薪资很丰厚,足有三十多两银子,不仅如此,每个月的课时还很少,只有四天。从经济角度衡量,齐白石认为"这是再优惠没有的了"[28]。很显然,在这背后,关于教学的其他方面,诸如这些学生是否应该学画,教了是否有效等问题,齐白石是一概不去关心的。根据《齐白石状略》记,他虽然也拒绝了蔡锷的学画请求,却对蔡锷这个人怀有好感。在对待好友开办新式学堂这件事情上,他相对热心一些,但与前者并无根本差别。齐白石关心和忽视的,始终保持一致,即他所在意的是与人以及与此直接相关的事,而对人和事背后所包含的事情是不重视的。

　　齐白石之所以对新式教育"视而不见",并非他对此持反对态度,或者认为这些新事物与他生活毫无瓜葛,使得他无法开放自我,以包容和开放的心态接受的,而很可能是因为他对画家或者画师身份的理解。齐白石从木匠、画匠走来,从学木匠,到学画画,他接受的始终是中国传统手工艺传承的一套法则,至少在学木工阶段,齐白石是恪尽职守、尊师敬道的。他的学画过程虽然相对比较偶然,但胡沁园却将他带入一个少部分——绅士或文人——群体才普遍享有的雅事;从木匠的体力活转到了画画的智力活,在身份上实现了从社会底层手工劳动者向社会中上层文人的转变。在早年的艺术学习生涯中,齐白石以妥协、退让的方式与周围人在绘画、创作和作诗上达成某种"协议"。显然,这种"不平等的协议"内容出自齐白石本人,也只有他心知肚明。所以,齐白石对画匠、画师或画家身份的认识,带有明显的个人化倾向。数年后齐白石写给他弟子的一段话似乎能够说明他对艺术的理解和态度。他说:

　　夫画者本寂寞之道,其人要心境清逸,不慕官禄,方可从事于画。[29]

　　这或许可以回答他多年前何以拒绝蔡锷巡警学堂教画的肥差的疑问,所谓"不慕官禄",又何况官场中人呢? 齐白石所理解的画家,应该耐得住寂寞,境界清新脱俗。这种想法,既有自身学画、创作的经验,亦有中国古人所树立的文人画家形象特质。中国传统文人画之"境界高远""气韵非师",正是源自画家主体的超凡脱俗、清高自远的人生境界。心境与画境互为表里,犹如人世与画事彼此相照。齐白石对画师身份的认识,正是来自他多年的学习、交游、出世的生活经验,也与其师从胡沁园、王闿运等人学得的关于中国文人所具备的要素和特性有关。基于此,齐白石以私人化的方式处理了他与外界之间的关系,自认为艺术应该是具有独立性的,因此,艺术家也应该是具备独立人格的。即便是多年后,林风眠、徐悲鸿邀请齐白石到高校为学生讲授画画[30],他对此也并不情愿,最终答应前往也并非出于他对公共事务的关心或对此认识上有了转变,而是出于他与林、徐二人的交情,正如徐悲鸿说的其"茅庐三请"的私交打动了他。也就是说,齐白石把理应处于公共层面的社交、学理讨论等内化为私人的、个人层面的问题,以此来树立、强化自我主体身份的确定。

第三节

一封没有"地址"的信
与齐白石对北京的"想象"

在很长一段时间里,齐白石对自我身份的肯定也好,焦虑也罢,并没有引起外界多少关注。其在乡里"隐居"的这些年,思考"身份"归属似乎显得多余。关于这个时期的生活,齐白石的自述里基本都是关于家庭生活及其周围发生的一些重要事情。其中有两件家外的事情对齐白石来说尤为重要,即其师胡沁园和王闿运的去世。一位是齐白石的绘画启蒙导师,改变了他一生的"生活方式",另一位是齐白石非常敬重的晚清大儒,开阔了齐白石的视野,他们身上兼具文人学养和品行道德,是齐白石立足和行世的重要导师和精神支柱。胡沁园始终在家乡生活,而王闿运晚年也以湖南本地为主要活动范围,勤于教书育人。此时齐白石也已年过半百,人生及生活上理应得到安稳、安心的归宿。在身份上,他虽不及两位老师德高望重,但因其努力,绘画刻印手艺也能得到乡里乡外人的尊重,并无须为生活烦恼。

当然,个人生活是否安逸舒适,往往不单单取决于物质水平的高低。据齐白石自述,他决定再次北上远游,是因为:"连年兵乱,常有军队过境,南北交哄,互相混战,附近土匪,乘机蜂起。官逼捐税,匪逼钱谷,稍有违拒,巨祸立至。没有一天,不是提心吊胆地苟全性命。"[31]齐白石所说的兵乱,可能是袁世凯宣布称帝后所引发的一系列内部局部战争。这些战乱并非仅仅发生在1917年,从1915年就持续不断。齐白石提到的苛捐杂税事情应该属实,毕竟当时北京政府在财政上内忧外患,军饷始终是困扰政府的一大问题,而各地军事首领或都督只能通过搜刮民脂民膏以解决燃眉之急。虽然,此前十几年间,齐白石通过刻印卖画获得了不错的积蓄,但在兵乱和匪乱四起的环境中,这些都失去了保证。关于齐白石这次决定再次赴北京事由的研究,很多学者普遍认为是避难,这也是齐白石自述中反复强调的。[32]结合在此前后齐白石对自己当年遭遇的回忆,我们很容易将社会的动荡不安作为齐白石远离家乡的主要或直接原因。正是因为湖南本地兵乱、匪乱不断,所以到了第二年他决定移居北京,"到老死也不再回家乡来住了"。[33]

首先来看樊樊山的邀请信。这次北上远游,是齐白石第二次进京。两次进京的初衷虽然不同,但两次邀请的方式却大同小异。稍有差异的是,夏午诒和郭葆生的那次邀请,齐白石完全可以拒绝,当然也可以欣然接受,取决于双方意愿。1902年,夏午诒仕途顺利,1898年高中榜眼,授予翰林编修,后由翰林改官陕西,1903年夏午诒进京谋求新的差事,携齐白石一同进京。同时,郭葆生、张仲飏等好友也在陕西,这促成了齐白石的第一次远游。而时隔十多年,不管是人事还是社会都发生了巨大变化,齐白石早年远游积累的人脉也因各自的发展需要多有变动,齐白石本人亦在数次远游之后选择了安定。正如上文所言,在此期间,齐白石的活动范围主要是湘潭家乡,与外人交往也以周边的旧友为主。至于樊樊山,齐白石自1903年与之相识并保持一段时间交往之后,直到1917年,他们二人之间很少有联系。其中,齐白石曾在1909年给李苹夫的印章边款中提到了一次"樊樊山"。目前,至少从齐白石的自述、日记及其他信札判断,1903—1917年近14年时间中,他与樊樊山的交往基本处于停滞状态。那么,樊樊山又是如何突然想到齐白石的生存境况,为何联系齐白石的呢?这显然不是偶然的一时兴起。

齐白石自述中有一段话经常被忽略,即:"那年(1917年)春夏间,又发生了兵事,家乡谣言四起,有碗饭吃的人,纷纷别谋避地之所。"**34**所谓"有碗饭吃的人",指那些家庭富足的人。齐白石说这句话的时候,显然也把自己包括进去了。在兵荒马乱的情况下,齐白石能去哪里躲避呢?最有可能的就是北京。北京是齐白石曾经远游过的地方,停留的时间也最长。在这里,他结交了不少志同道合的朋友,虽然之后很长一段时间没有联系,但这种惺惺相惜的情谊依旧保留着。相对齐白石远游的其他城市,北京因为人文氛围的浓厚,可以成为他向往的对象。其次,中华民国成立以来,北京再次成为全国的政治中心,青年一代怀有政治抱负的人或多或少都与此地产生过关系。至少从齐白石的交游来看,他相识多年且对他多有帮助的好友郭葆生、夏午诒、杨度等,他们始终与北京有联系。如郭葆生,晚清主要任职于广东、江西等地,自中华民国成立后,当上了众议院议员。郭葆生曾与蔡锷共事,跟南方革命人士走得亲近。不过后来在政治上倒戈袁世凯。1916年,郭葆生还被袁世凯任命为湖南矿警督办,在此期间,曾一度与袁世凯亲信汤芗铭发生军事冲突。袁世凯去世后,郭葆生回到北京。与郭葆生同为袁世凯心腹的另一人则是夏午诒,他因在袁世凯称帝一事上"出力甚多",袁世凯去世后,夏午诒被通缉,不得不到天津租界躲藏,后得到时为直隶都督的曹锟赏识,被任命为机要秘书。这是袁世凯称帝风波之后的北京友人状况。

齐白石在自述中言:"旧友在京的,有郭葆生、夏午诒、樊樊山、杨潜庵、张仲飏等。新知旧雨,常在一起聚谈,客中并不寂寞。"**35**齐白石对袁世凯称帝一事的态度如何我们不得而知,但对其好友杨度、夏午诒等作为袁世凯的"马前卒"身份,他应该是知晓的。也许,齐白石在后来的自述中有意"删除"了这部分记忆,忽略这些人事背后的政治关联,却不能否认齐白石在交游过程中所持有的"偏见"。但是,从另外一个角度看,这些在政治上各为己利甚至大开杀戒的人,在生活和艺术上却对齐白石关心之至。当然,我们也不能肯定他们在与齐白石的交往中是否就完全是出于公德良心。撇开职业身份不谈,郭葆生一再请齐白石为他代笔,以及通过齐白石的绘画、篆刻来疏通政治场上的人世关系,也是事实。夏午诒自担任曹锟的机要秘书之后,曾邀请齐白石赴河北保定为曹锟作画,一定程度上,也是夏午诒取悦上司的手段。对此,齐白石心知肚明。但即便如此,齐白石很少在日记或自述中对身边的这几位朋友作过多的评论,尤其是政治上的是非,应该是有意回避不谈。相反,他倒是经常对某些欣赏他本人或作品的人大加赞赏,称之为"知己"。[36] 除非有别有用心的人,直接触及齐白石的切身利益,他才会毫不留情地予以回击。也就是说,齐白石更注重的是彼此之间心与心的相通,能够在重要时刻互帮互助的,他不仅有心交往,还会心怀感激。当1917年第二次因避难来到北京,见到"平生知白石画者——郭葆荪,知刻者——夏午诒,知诗者——樊樊山,幸二三人皆在此地"[37] 的时候,齐白石的内心必然满怀欣慰;不仅自己到北京有了着落,更重要的是,不用担心没有人理解他的艺术。

从这里可以看出,北京不仅是齐白石曾经到来的地方,更是齐白石在生活空间、交游空间上可以想象的地方。但这个空间显然与他之前生活的湘潭有所不同。为了提高文化,在"隐居"期间,齐白石努力在古文诗词方面下功夫,他到北京做的一件非常重要的事情就是请樊樊山为他的诗集作序。他在自述中说道:"樊樊山是看得起我的诗的,我把诗稿请他评阅,他作了一篇序文给我,并劝我把诗稿付印。"[38] 序曰:

> 濒生书画皆力追冬心。今读其[39]诗,远在花之寺僧之上,真寿门嫡派也。冬心自序其诗云:所好常在玉溪、天随之间;不玉溪,不天随,即玉溪,即天随。又曰:携僧隐流钵箪瓢笠之往还,复饶苦硬清峭之思。今欲序濒生之诗,亦卒无以

易此言也。冬心自道云：只字也从辛苦得，恒河沙里觅钩金。凡此等诗，看似寻常，皆从刿心铢肝而出，意中有意，味中有味，断非冠进贤冠、骑金络马、食中书省新煮饪头者所能知；惟当与苦行头陀，在长明灯下读，与空谷佳人在梅花下读，与南宋前明诸遗老，在西湖灵隐、昭庆诸寺中，相与寻摘而品定之，斯为雅称耳。今吾幸于昆明劫灰之余，闭门听雨，三复是编，其视冬心先生集自叙于雍正十一年者，其感慨又何如耶！濒生行矣！赠人以车，不若赠人以言，若锓木于般若阁者，即以此为前引可也。**40**

　　这篇序中，樊樊山并没有从正面对齐白石的诗作学理上的评价，而是以诗画类比的方式将之与花之寺僧（罗聘）和冬心（金农）相比，甚至还略胜一筹。冬心诗提倡"只字也从辛苦得，恒河沙里觅钩金"，意思是说，齐白石写的这些诗，非常难得，个中滋味只有自己最清楚；看似很寻常，其实"意中有意，味中有味"。而且还认为，读齐白石的诗，需要一定的心境，才能得其三昧。齐白石对樊樊山的评价极为满意。樊樊山对齐白石诗句作评价，似乎使他对自己的诗文有了新的认识和信心。齐白石在自述中曾说，在这次到北京期间，认识一位新的友人，他**41**有一定的功名，亦能诗会画，自视甚高，对出身木匠的齐白石的诗画颇不以为然，"尤其看不起我的作品，背地里骂我画的粗野，诗也不通，简直是一无可取，一钱不值。他还常说：'画要有书卷气，肚子里没有一点书底子，画出来的东西，俗气熏人，怎么能登大雅之堂呢！讲到诗的一道，又岂是易事，有人说，自鸣天籁，这天籁两字，是不读书人装门面的话，试问自古至今，究竟谁是天籁的诗家呢？"**42**此与樊樊山对齐白石诗的评价恰形成了对比："苦"与"易"，"意""味"与"俗气"。现在有了樊樊山为他的诗做背书，齐白石的态度与当年印刻被谭延闿兄弟磨掉后心态**43**是一样的："百年后世，自有公评，何必争此一日长短！"**44**齐白石并未将樊樊山搬出来以示抗议，但他口中所谓的"公评""公论"，让人隐约感觉到，"公"

不仅包括樊樊山此类的公众名流，还包括后人。何以这么说？从今天到未来，需要时间的积累，在齐白石看来，经历时间的考验之后，后人有更为广阔和客观的视野评价前人。这种在交游生活中不断"求救"于公论的方式，俨然是一种自保的行为。因为，事实上，对齐白石来说，他并没有比别人更广阔的专业知识和更公允的判断标准。他的判断，可以说，几乎来自自己的个性心理，一种极强自尊的体现。"公论"既对齐白石开放，也对同代的其他人开放，但齐白石口中的"公论"，实质上带有极强的主观性、强制性和必然性，这似乎超出了个人对某一事件的判断。当然，这种强制性和必然性并非空穴来风，齐白石的主观判断正是来自王闿运、樊樊山等社会名流。因为，王闿运、樊樊山等人的"公论"形象已成为既定现实，他们不仅是具备了公认品德和成就的代表，他们自身更是能够发表"公论"的人。也就是说，齐白石在心理上，不仅将自己置于现在时，还置于某种过去时，当他说出"自有公论"的时候，他自我感觉已经处在未来的历史中；这句话，与其说是齐白石的自我退让，毋宁说这是齐白石迂回式的回击。1922年五月，齐白石在《壬戌纪事》记载：

> 廿七日，为人作画记云：余友方叔章尝语余曰：公居京师，画名虽高，妒者亦众。同侪中间有称之者，十言之三必是贬损之词。余无心与人争名于长安，无意信也。昨遇陈师曾，曰俄国人在琉璃厂开新画展览会，吾侪皆言白石翁之画荒唐，俄人之画尤荒唐绝天下之伦矣。叔章之言余始信然。然百年后盖棺，自有公论在人间，此时非是，与余无伤也。[45]

自我退让，使得自我"无伤"，这其实是表面无碍，内心有创，否则也不会将这种不满的情绪溢于言表，而非直接对峙辩解。齐白石通过"公论"的自我疗伤，也从侧面反映出齐白石在自我形象塑造过程中始终存在着一个焦虑的、不安的、脆弱的心理防线。因为,虽然最后事实意义上的"公论"逐渐显现出是站在齐白石一边的,但只要这种"贬损"的声音一出现,它极易击碎齐白石日积月累的形象基石。因此,齐白石不仅期望通过未来的人或许"公允"的评价,还从古人那里获得历史中文化遗产所指涉的公信度。

樊樊山认为,齐白石的诗画是"意中有意,味中有味",这并不是从作诗的专业角度来说,而是从一个阅读者的感受出发。诗画最终的呈现效果,无疑是由观赏者评价的。即便从技法角度来说,工至极致,亦无非让读者心生愉悦,感悟字里行间的诗化,"意"和"味"正是这一审美范畴的最好体现。另外,依据樊樊山对齐白石的了解,也断不会对他过于苛刻,要求他在诗文的法度和内涵上有硬性突破,这本身就不符合齐白石的习性和气质。多年以后,齐白石曾再提此事。1940年他为屏周作一行书"读诗最好梅花下",款题曰:"樊樊山先生为予序借山吟馆诗草有云:濒生之诗惟与空谷佳人在梅花下读"。[46]不管是溢美之词,还是名副其实,齐白石确实能从樊樊山的评价中感受到身份上的认同,或许也因此,齐白石一直称樊樊山为知己。在齐白石于第二年回家之后即焚烧了旧日手稿,并有诗《戊午元日,于劫灰之余三检手作,樊樊山先生曾序之诗草外,一概焚于梅花坞外》,曰:"诗编画幅誉交加,印稿如山处处夸。惭愧一生对知己,暮年尤怕见梅花。"[47]1918年,齐白石还曾应樊樊山之请,为他创作一幅《闭门听雨图》,并题长诗。[48]齐白石在诗中叙述了两人相识、相知的过程,尤其是感恩樊樊山在北京的时候"旧时相识寂无闻,只有樊嘉酒相劳",为他这位客居他乡的人带来些许安慰。齐白石作画作诗的殷切之情,显示了他对樊樊山的感激之心。

其实,除了众多朋友在北京,齐白石来北京远游背后还有难言之隐。齐白石的第一次远游,虽然其主要以画师的身份教夏午诒如夫人绘画,但其最后下定决心,还是源于郭葆生的那封信,希望通过丰富的游历提升绘画的境界。郭葆生也可谓用心良苦。而第二次北上,直接原因是家乡兵荒马乱,朝不保夕,间接原因恐怕还与齐白石的收入有关系。樊樊山的"邀请信",齐白石并未详细说明,只言

"劝我到京居住，卖画足可自给"。[49]也就是说，虽然两次北上的原因和目的不同，但其逻辑是相似的，即"直接原因"但并非"最终原因"，促使齐白石作出决定的，却是间接的、看似次要的原因。我们回到上文的疑惑。从这句话也可以看出，倘若1903年之后1917年之前齐白石、樊樊山二人确实没有联系属实的话，此次樊樊山的"来信"很可能不是单向的，而是齐白石在此前主动联系了樊樊山，并在信中倾诉了家乡兵乱及个人生活、卖画刻印等一些情况，基于这些信息，樊樊山才能作出劝导；这与郭葆生基于对齐白石艺术的了解而邀请他远游的逻辑是相似的。而且我们知道——正如上文所言，齐白石家乡的军事动乱并非1917年才出现，从中华民国成立伊始，湖南由于地理位置特殊，长期处于南北政治和军事对抗的重要场地。袁世凯为达到对地方政府和全国军事权力的绝对控制，接连发动一系列大规模的军事行动和人事变动，仅湖南省，在其亲信汤芗铭的督统下，战事连绵，民不聊生。据悉，1913年，汤芗铭为获得袁世凯信任，不惜在湖南大开杀戒，处决两万多人，被湖南人称为"汤屠夫"。1915年底至1916年袁世凯垮台，湖南更成为整个政治、军事动荡的中心，内乱和外战交加。汤芗铭的继任者张敬尧[50]，有过之而无不及，贪得无厌，恶贯满盈。其自1918年初军涉湖南之后，对湖南百姓横征暴敛，致全省上下怨声载道，人称"张毒"。齐白石所言家乡情况也仅是冰山一角，他的担忧并非没有必要，更不是一时之忧。他说"有碗饭吃的人"基本都选择离开本地，外出躲避谋生，这亦不只发生在1917年，而是贯穿湖南民国初期大部分时间。这个时间段，与齐白石结束远游回到家乡之后的闲居生活基本吻合。只不过，鉴于外界形势的不断恶化，逐渐影响到齐白石所在的乡下，此时，考虑到家庭和自身的发展，他不得不早做打算，效仿那些"有碗饭吃的人"，另寻他处躲避。

我们可以由此推定，与兵乱同样造成齐白石忧患的另一方面则是经济收入的减少。湖南自中华民国成立以来，省内形势逐渐动荡不安。如果说，1909年齐白石刚回到家乡之后，尚且还能在晚清政权和道统的维护下进行适当的文人交往，那么随着社会不稳定形势的持续加剧，原有的人文生态必将遭到破坏，越来越多富有的人远走他乡也就势在必行，不足为奇。对于一生以卖画刻印为生的齐白石来说，在这种情形下自不能置身事外，独善其身，即便他从前期远游的过程中挣得不少薪资，也不能保证其一直丰衣足食，衣食无忧。况且，卖画刻印这些交游和经济往来，需要一个稳定的社会环境和整体经济面作为支撑，城镇富人群体的渐行渐远，对齐白石来说打击是巨大的。比如，在1902—1907年曾长期在经济上支持齐白石的郭人漳，此时也因卷入袁世凯集团及湖南本地的军权纷争而分身乏术，无暇顾及齐白石。其好友夏午诒，因支持袁世凯称帝，失败之后被政府通缉，不得不躲到天津租界以避杀身之祸，此时也是自身难保。而且，在1909年到1917年期间，齐白石的两位恩师——胡沁园和王闿运也相继离世，这对年过半百的齐白石来说，更是失去了精神上的依托。他的其他几位好友，包括杨度，也被列为通缉对象。可以说，不管是生活还是身心，齐白石都面临巨大压力，他所谓的"进退两难、一筹莫展"[51]，正是他此刻心灵最直白的诉说。一方面，齐白石家乡的朋友，除了胡沁园和王闿运已经离世，黎松安和王训等人，似乎也无法解决"同一屋檐下"的困境。另一方面，齐白石唯一的办法就是离开此是非之地暂且躲藏，所以他必然要寻找外省临时栖息地。对齐白石来说，北京是其唯一可选的地方。而在北京——根据上文分析，他第一次远游北京认识的人当中，与他走得相对亲近并有一定社会影响力的，似乎只有樊樊山。

但是，齐白石对樊樊山的了解不知如何。1903年，齐白石所认识的樊樊山是"当时的名士，又是南北闻名的大诗人"。[52]这里一个"大"字透露出齐白石对他的仰慕。而且，在这次交往过程中，樊樊山还提出推荐齐白石到宫中担任慈禧的画师领取供奉，被齐白石婉辞了。从这些点点滴滴看，樊樊山给齐白石留下的印象不仅是诗文大家，还是大官人，能上通下达之人；樊樊山在见面之初就出手大方，给了齐白石五十两银子；更重要的是礼贤下士[53]，不嫌弃齐白石的草衣出身，称赞他的绘画篆刻，等等。樊樊山的一言一行，无疑给齐白石以巨大的艺术支持和身份认同感。事实上,齐白石当年遇到的樊樊山正担任陕西按察使,确实是他一生最为得意和高光的时刻。此后不久(1905年),樊樊山就因官场冲突被曾经的好友、时任陕西总督的升允弹劾[54],樊樊山随即上奏申辩。得知此消息,王闿运为此还写信请求昔日好友端方[55]帮忙从中调停双方矛盾[56],但最终还是无济于事,樊樊山于1906年冬天被迫离任。[57]此后,樊樊山短暂居京停留后,于1908年被任命为江宁布政使,并于当年9月赴任。1912年7月,中华民国成立后,樊樊山被任命为湖北民政长(相当于"省长")[58],但樊樊山以"忠贞"自居,未赴任,闲居上海。也就是说,从1907年到1914年,樊樊山主要在南京、上海活动,未曾北上,亦未与齐白石产生交集。

转机发生在1914年。袁世凯于1913年底宣布解散国会、停止参议院和众议院所有议员的职务,1914年2月解散各省议会,为其称帝做准备。随之,当年3月26日,"樊山接到北京政府,邀请其赴京出任参政院参政。樊山对此事颇矛盾,举棋不定"。[59]樊樊山之所以犹豫不决,就在于其前清遗老身份,毕竟其曾于2年前以此拒绝了新政权的邀请。此番决定,势必引发道德质疑。经过数月的斟酌,当年闰五月初,樊樊山"已决定不再做清朝的'忠臣',准备北上,为新政府效力,并作诗四首与友朋告别"。[60]与此同时,齐白石老师王闿运也在被邀请名单中,并先于樊樊山到北京,接受袁世凯委任国史馆馆长一职。[61]当时,策动袁世凯称帝的几位重要人士中,就包括杨度、郭葆生、夏午诒。袁世凯邀请王闿运任国史馆馆长的主意,很可能正是出自杨度等人的建议。且1914年,杨度、郭葆生、夏午诒均在湘潭,并随同王闿运一同来到北京。

至此,曾于1902年在陕西会聚的主要人士再次相聚北京。只不过,旧朝换了新朝,旧臣子成了新官员,很有可能"主子"也要换了。但是,事与愿违,因为袁世凯称帝一事引发全国上下口诛笔伐,战事四起,最终成为一场闹剧。此前被轰轰烈烈邀请进京的这些"功臣"惨遭打压和排挤,除了王闿运提前返回湖南隐居,其他人士均再次被"打散",可谓树倒猢狲散。不过,也因为这次人员的"回笼",

称帝虽失败,但此后他们基本都围绕在京津冀地区。一个很重要的原因是,随着袁世凯政权的垮台,跟随他的人都将不得不寻找新的靠山或出路。在军阀混战、政坛风起云涌的环境里,个人很难独当一面,他们必须及时找到靠山才能生存下去。从经济角度看,官方职位至少能提供一份可观的收入,樊樊山晚年就遇到了这样非常现实的问题。据悉,1917年6月,为了维持家庭生计,樊樊山曾以同乡[62]的身份写信给时任民国大总统的黎元洪,不过被黎元洪置之不理。后来樊樊山还请人从中游说,黎元洪仍然"严词拒之,且加以责难"[63],樊樊山得知后极为气愤。

由上可知,樊樊山在1917年前后的官场和经济上都不顺利,很难想象他会在此时向远在湖南的齐白石写邀请信,况且两人已经十多年未联系。不仅彼此本来就不太了解,仅有过寥寥可数的几次联系,更别说在当时人人朝不保夕的社会,每个人的人生际遇都不知会发生怎样的变化。齐白石过着相对安逸的隐居生活之时,正是外界社会政治日新月异、瞬息万变的阶段,极少人能幸免于难,何况身在其中樊樊山等人。

所以,齐白石对1917年前后的樊樊山等人是极其陌生的,更不可能了解他此时的政治处境和生活状态。因此,樊樊山的这封邀请信,可能存在以下几种情况:一是樊樊山主动写信邀请齐白石北上,如此的话,也无须赘言。二是齐白石写信联系樊樊山在先,在信件来往中,齐白石向樊樊山陈述几年来家乡面临的境遇,随后樊樊山向齐白石提出北上卖画邀请。因为没有两位当事人的证言,所以这一种可能性无法佐证。三是樊樊山邀请齐白石北上,这件事是齐白石杜撰的。从事实来看,这种可能性极低。鉴于以往齐白石远游的经验,齐白石不可能贸然前往北京,除非落地城市有人提前安排好或预约好,否则太冒险,不是齐白石所为。综合来看,第二种的可能性最高。第一次北上远游的经历,为齐白石1917年对北京社会及人文环境的想象提供了蓝本。可惜,事实并非如此。曾经送齐白石五十两银子做见面礼的樊樊山,也在短时间内出现了政治和经济危机,到北京之后的齐白石也不得不面临这样的问题。从樊樊山立场看,所谓"卖画足以自给"的象征意义可能大于实际意义。就当时北京的状况而言,连樊樊山都难以自我保全,何况出身乡野、初来乍到的齐白石。第二次进京之后,齐白石与樊樊山亲密度明显低于二人第一次会面的状态。两人只在可数的几次诗文、绘画交流中有过互动。1927年齐白石父亲去世的时候,齐白石特意请樊樊山为其父母各写墓碑像赞:"余亲往樊樊山老人处,求为父母各书墓碑一纸,各作像赞一纸,共付润笔金一百二十余元。"[64]从中可以看出,樊樊山后来的境遇并没有好转。

虽然齐白石第二次进京认识了不少新朋友,包括易实甫、陈师曾、凌文渊、罗瘿公、敷庵兄弟、汪霭士、王梦白、萧龙友、陈半丁、姚茫父等人,但其对此次短暂北上应该并不满意。一是他到北京之后,与新知旧友相聚,尤其是他抱有想象的樊樊山、郭葆生、夏午诒等人,但他们眼下的境况都不如意,未能在经济和生活上给予他更多帮助。二是除了旧友在经济上大不如前,北京的市场环境也大不如清末,齐白石卖画刻印情况并不理想,至少与他来之前的设想相差不少。其在自述中并未就此次"卖画自足"的情况作介绍。从他数月在京的书画交往来看,行迹比较单一,远不如第一次居京期间频繁进出琉璃厂、商店等丰富。其《京师杂感》大概能反映出他此次居京和离京的心态:

其一[65]

同室操戈可断魂,
燕京黯淡战烟昏。
是非自有南狐笔,
听雨萧萧一闭门。[66]

其二

禅榻谈经佛火昏,
客中无物不消魂。

法源寺里钟声断，
落叶如山昼掩门。[67]

其三
七月玄蝉如败叶，
六军金鼓类秋砧。
飞车亲遇燕台战，
满地弦歌故国心。[68]

其四
八月京华霜雪天，
稻粱千顷不归田。
人言中将人中鹤，
苦立鸡群我欲怜。[69]

其五
大叶粗枝亦写生，
老年一笔费经营。
人谁替我担竿卖，
高卧京师听雨声。[70]

在齐白石的这几首诗中，北京几乎满目疮痍，战火遍地，僧院寂寥，稻田无人，卖画堪忧，焦虑、失意、困苦、思乡等情绪和情感言于诗表。这并不只是他居京时的所见所闻所感，更饱含了他离京时的复杂心情。眼前残酷的现实情形，显然与他来京前的想象有天壤之别，否则也不至于要通过数十篇的诗抒发难掩的

"杂感"。唯一令他欣慰的可能就是,在北京期间加深了与陈师曾之间的友谊,《京师杂感》亦有诗云:"槐堂六月爽如秋,四壁嘉陵可卧游。尘世几能逢此地,出京焉得不回头。"[71]后者陈师曾更对他的艺术高度认可,这也许是他决定再次北上并定居北京的原因之一——尽管卖画市场可能并不乐观,或北京城动荡仍在持续。

一个人对自我的认知或肯定,绝非闭门想象的结果,而是与他对外界的看法或他对外界反馈的回应密切相关的。自我与现实,自我的想象与现实的回馈结合在一起,并且始终处于一种动态博弈过程中。齐白石对自我身份的塑造和确定也是一种交游博弈的过程。这种博弈,对齐白石来说是一种零和博弈,其基点就是物质,具体来说就是金钱,这是零和博弈得以进行和维护的基础。所以,不管是早年他对木匠和画师身份的辩解,还是后来在诗、画、印等方面的重估,首先都是为了满足物质需要。我们看到,齐白石在相当一段人生中,对诗文和刻印投入了大量的时间和精力,尤其是定居北京之前。上文中也提到,齐白石给李荦夫写的一段自荐说明中罗列了自己结识的名人,他们基本都是以传统儒家士人自居的。第二次到了北京,齐白石联络的中间人,依旧包括了樊樊山、张登寿、夏午诒、郭葆生等旧友,这些人正是齐白石早期诗人形象的主要建构者(当然,齐白石与王闿运、王训等人亦同时保持来往),他们的身份特性,一定程度上影响了齐白石的自我认同。甚至可以说,齐白石在民国以前的这段生活经历,更多是受到先天文化基因的影响,这是齐白石无法选择和抹除的。这种文化基因主要指向了中国的士人文化身份,它不仅是一种内容,更是批判上的"形式",是塑造,也是被塑造。在齐白石的交游过程中,首先面临的就是这种士文化带来的冲突。为此,即便是在绘画或篆刻方面,哪怕两者的成就多为友人认同和赞许,其对士文化的回应也是相当警醒和慎重的。

第四节

共同体建构与主体身份确认

    1905年,随着数千年科举制度的取消,读书人原本身份获得及认证的途径和体系被取消,取而代之的是行业化的人才培养和选拔制度。这种制度面向的是现实社会的职业技能,而非"士人"功名。所以,以往通过功名身份获得社会竞争力的方式,转化为通过社会行业技能获得社会竞争力。这种制度在1912年中华民国成立的时候正式成为社会和时代发展中不可逆转的趋势。自中华民国成立直到1919年,齐白石基本上都是生活在乡村相对原初的愿景中,外界的变化超过了齐白石的想象。当他决定定居北京之后,不得不调整姿态以与新时代的社会环境相适应。对齐白石而言,那种零和博弈的基点在时代变迁和过渡中始终没有改变,这是齐白石之所以为齐白石的不变的点——物质。

    齐白石对物质的忧患意识来自幼年,更是来自家庭和家族历史。以艺换取物质是来自胡沁园师的指引,继而在"后湘军时代"的一批文人儒林中转换为灵活的赞助人方式换取报酬,这也是其远游的重要目的和收获。然而,随着中华民国成立,社会体制、政权和经济生产方式的改变,以往文人式的赞助人形式不再适应个人和时代;受此影响的不只是艺术家,赞助人群体亦包括在内。齐白石第二次到北京之后,虽然不少旧友也在北京,其作品的接受群体显然不同以往——书画、篆刻或许对他们依然具有吸引力,但并不能带来丰厚的收入。不仅如此,诗文、书画、篆刻对新时代和人群的意义都发生了变化,这是齐白石第二次进京之前所没有预料到的。随后，齐白石失落地回到家乡，以为家乡动乱平息之后可以继续原来的生活状态。不想，家乡兵乱持续，严重危及齐白石的生命财产安全。所以我们看到，齐白石第三次到北京是下了决心的。这个决心，既是对家乡的决绝，也预示着对北京的"决战"。因为此刻，他对北京的认知更加接近现实，他必须在绘画市场上作出更多努力。

据粗略统计[72]，齐白石第二次进京到第三次进京之前，时间段暂且定为1917年到1918年一整年[73]，此间齐白石创作了30多件绘画作品，刻印13件；定居北京之后，时间段暂且定为1919年到1921年，三年齐白石创作217件画作，平均每年70件；1922年前5个月[74]创作53件，1922年其他月份共计创作110件绘画作品，1922年一年的创作合计近163件，比前三年每年70件的数量有了倍数级的增加。而在1919年到1922年的三年间，齐白石刻印仅25件。在此期间，从数量变化上看，齐白石在以上三个主要时间段的创作中，绘画的数量是明显逐年增加的，最明显的年份是1922年，出现了倍数级的增长。与此同时，其在刻印上的数量却呈现相反的走势。由此可见，齐白石在中华民国成立之后围绕北京的交游中，其艺术创作出现了"此消彼长"的现象，绘画的创作成为主要事业，刻印明显落后。

齐白石在创作上是一个多产的艺术家，其作品不仅数量惊人，而且诗文、绘画、篆刻齐头并进。以上数量为我们提供了齐白石的一个相对形象的创作状态，至少能在一定程度上说明1917年到1922年期间，他在绘画创作上投入的精力出现明显增加的事实。因为，不管是齐白石的绘画还是篆刻，其中相当部分是向外流出的，这些作品如同当代网络数据的传输通道和储存载体，能够提供给我们很多艺术本体之外的信息，如它们的接受者，创作事由、时间，甚至还有与此相关的人和事，艺术观点、人生观，以及一些教学示范稿、自家造稿等，都成了齐白石生活的一个个侧面。我们无法确定这是齐白石有意为之还是无心之举，但这些艺术创作行为，确实增加了外界对齐白石的关注，同时也使齐白石的艺术风格更加成熟,艺术水平更加稳定。此阶段,齐白石的绘画作品诗、书、画、印结合的现象非常引人注意。上文提到,在居京的前几年中,齐白石的绘画创作量增加了,篆刻创作量少了,还有齐白石的诗文。此时,齐白石的诗文并非王闿运等人口中的诗文,更不是为了迎合科考,其在日常交游中的实用性也逐渐减弱。

1904年王闿运的南昌诗会没有了,1910年的"分韵斗诗,刻烛联吟"只能留在家乡的沃土里,它们仿佛随着齐白石的《借山吟馆诗草》的编辑和出版被收纳。1932年齐白石好友王训为《借山吟馆诗草》作的序言似乎就说明了这一点。王训在序中回忆了数十年前家乡诗友的情形:"沁园好客,雅有孔北海风,同里如黎君松庵、雨民,罗君真吾、醒吾,陈君茯根及训辈,常乐从之游,花月佳辰,必为诗会,山人天才颖悟,不学而能,一诗既成,同辈皆惊,以为不可及。"[75]这种诗文会友现象的出现,得益于"当是时,海宇升平,士喜文宴"。[76]然而,随着齐白石开始远游,诗友团体开始由聚转散,"而往时龙山社友,亦多星散,拈题分韵,寂焉无闻,人事随时世为变迁,可慨见矣"。[77]王训认识到了这一点,即曾经的诗文生活状况的改变,不是出于个人原因,齐白石不是个案,而是"人事随时世为变迁"罢了。其后,王训的笔墨主要讲述齐白石游京鬻画的经历。所以,正如王训一针见血指出的,"卷中思亲念旧之外,题画之作独多。然皆生面别开,自抒怀抱,不仅为虫鱼花鸟绘影绘声而已"。[78]

在现实交游中,齐白石的一些行为也在一定程度上佐证了这一点。1919年,齐白石正式定居北京,暂居法源寺,同在此居住的还有其好友杨潜庵。据其《己未日记》载:"初四日早到京。见杨潜庵,伊代佃法源寺羯磨寮寮房三间居焉,当付佃金八元,立有折据。"[79]就在齐白石到达北京当月(农历三月)的二十日,也就时隔15天,陈师曾、姚华等一行人在法源寺饯春。[80]不知是否巧合,同一天,齐白石参与了王式通、樊樊山等八人发起的丁香会,这个活动也在法源寺,而且关于这两个活动还有其他相似之处,齐白石在《己未日记》记载:

廿日，王式通、樊增祥、易顺鼎、董康、罗惇曧、高步瀛、章华、道阶（寺内方丈也）凡八人倡首，约以今日为丁香会，约客数十人。巳刻后，天忽雨。居京师者皆为之喜，今年以来头一次见雨也。[81]

陈师曾和姚华在当天集会上的赋诗可以证明这两个活动确实发生在同一天同一地点。陈师曾作诗《法源寺饯春，会雨中丁香》[82]，姚华赋诗《己未三月二十日法源寺饯春师曾诗先成，遂依韵作书与道阶和尚》云：

连年看花要笔战，碾尘千足来入殿。日下看花不当春，三月风多沙注面。愁中悔放桃李过，犹喜丁香花开霰。忽逢佳会意相逐，好雨转作催诗宴。[83]

诗中的"丁香""好雨"恰好对应了齐白石日记里的情境，说明三人所言为同一天同一地点的事情。如果道阶和尚不是"串场"的话，那么陈师曾、姚华与齐白石、樊樊山等人参加的活动更应该是同一个活动。因陈师曾和姚华只有诗为证，除当事人外，只有姚华诗中提及了第三者道阶和尚——而此人也是齐白石日记里提到的人。所以，无法从更多材料证明这两个活动为同一活动，参加的是同一批人。虽然齐白石的日记也可能存在自我过度编辑[84]，但相对而言要客观一些。齐白石这一天日记中记录的八个人姓名比较详细，而这些人并没有出现在陈师曾和姚华的诗文唱和中，似乎他们唯一的共同好友只是道阶和尚。而从"约以今日为丁香会"来看，似乎这次丁香会是首次举行，以丁香为主题，法源寺道阶和尚"做东"，这次诗会理应很愉悦。但齐白石的《己未日记》中关于如此热闹的集会却只记事未作诗。即便说齐白石和陈师曾两人参加的是两场不同群体的诗会，从两人的关系和聚会地点来看，在现场相遇是大概率事件。更何况，齐白石和杨潜庵同居住在法源寺，二人又是陈师曾的朋友，不太可能对彼此在这一天法源寺的集会一无所知。

所以，不管从诗文内容还是齐白石的日记看，陈师曾等人在齐白石日记中的缺失绝不是偶然。不仅如此，陈师曾在齐白石1919年一整年的生活中几乎都是缺席的。[85]十多年后，齐白石回忆1919年再次来到北京后的生活状态，写道："到了北京，仍住法源寺庙内，卖画刻印，生涯并不太好，那时物价低廉，勉强还可以维持生计。每到夜晚，想起父母妻子，亲戚朋友，远隔千里，不能聚首一处，辗侧枕上，往往通宵睡不着觉，忧愤之余，只有作些小诗，解解心头的闷气。"[86]可能因为刚到北京，而且这次来北京不同以往，所以不自主想念家人似乎情有可原。以上回忆是1919年齐白石到北京的主要记录，其他寥寥数行内容是他妻子打算来京的事情，并未提及他刚到北京不久参加的那次诗会。从内容上看，他关于来京上半年的回忆，既笼统又具体。"笼统"在于时间，因为回忆中并未区别时间和事件或心理活动的对应关系；"具体"是因为，回忆中的有些内容具有明显的指向性，比如"忧愤之余""作些小诗""解解心头的闷气"等。他不可能一直处于"忧愤"之中，那么忧愤何事？"闷气"又从何而来？如果这里的忧愤和闷气指向的是同一件事，那么齐白石是最清楚不过的。倘若齐白石在日记中故意隐去了集会中的陈师曾等人，这种"忧愤"和"闷气"就可以说得通了。个中缘由，我们不得而知。

　　从这里至少能看出，1919年对齐白石与陈师曾来说，是彼此友谊的一次考验。1917年，在齐白石看来，初次认识的陈师曾是北京少数得他作品"三昧"[87]的人之一，但这样的看法在1919年销声匿迹，这种情形显然与我们后来认知的齐、陈关系出入很大。不仅如此，张涛在考证齐、陈两人的交游过程中表明，齐白石与陈师曾相识不能依赖齐白石的"一面之词"，"至少在1919年齐白石三上北京正式定居之前，陈、齐二人关系尚浅，或者说仅属相识而已，彼此并未有任何深交。虽然齐白石多年之后一再强调是陈师曾主动向他靠拢，而以陈在回信[88]中的语气可知，实际情况绝非如此，甚至有可能与齐白石所言完全相反"。[89]从上文分析可以看出，齐白石1919年到北京之后，不仅面临卖画刻印方面的压力，在人际关系上也遇到了瓶颈。特别是陈师曾——他口中的难得知己,在此时并未如他所愿持续他们之前的友谊状态,反而出现了裂痕。以致为了维护两人友谊,为后人塑造一个更完美的"陈齐"友谊形象,齐白石在"自述"中将这一段不愉快的经历隐藏起来,仅仅以"作些小诗,解解心头的闷气"一笔带过。

齐白石从对樊樊山的想象到对陈师曾的想象,其实相当于王训在那篇"序"中所说的,开始从"文人诗"向"题画诗"转型。陈师曾跟樊樊山最大的区别,即在于前者以画闻名京都,后者以诗文重于一时。王训在"序"中所言"诗人少达多穷",似乎也是对齐白石的这一身份转型表示认可。但是,主体身份建构和主体确认并非一蹴而就的,尤其对齐白石来说,并不是说他想当诗人就当诗人,整日可以逍遥自在,吟诗作乐;也不是说,想做一位画家,就可以全然不顾家庭和朋友的看法,全身心投入绘画,"画吾自画"。齐白石是非常现实的人,他曾经认为,在家乡卖画可以自给自足的时候,远游对他来说意义并不大;当他在国内绘画刻印市场相对乐观的时候,去日本发展也显得大可不必;等等。齐白石的世界观和人生观并非如一般人那样具有宏大的理想和深刻的道理,身心所到、目光所及的生活本身才是他最在意的事情。所以,围绕生活本身的境遇,齐白石在诗人与画家身份之间作出何种选择似乎都情有可原。这不仅是他的本质,也是他最好的防护。基于此,齐白石对陈师曾的身份想象,无疑寄托了他对新的身份建构的希望。

可以说,陈师曾在齐白石自述和日记中的"缺席",恰恰突出了前者对于后者的存在意义。因为,陈师曾对齐白石的认可,并不意味着前者对后者具有某种欲望投射,情况或许刚好相反。齐白石的欲望来源及欲望投射都指向了陈师曾,这种欲望的局限曾经表现在齐白石对"芝师傅""斯文人"等身份的想象,对诗人、画师等身份的建构上。此时,只身来到北京,环境、时代、市场发生了多重变化,他对自身的想象被现实压缩到了最初的状态,那就是经济问题。如《庚申日记》载:"十六日,题画:好鸟离巢总苦辛,张弓稀处小栖身。知机却也三缄口(闭嘴鸟),

闭目天涯正断人(闭目鸟)。老萍对菊愧银须,不会求官斗米无。一画京师人不买,先人三代是农夫。"[90]《壬戌纪事》载:"题画:'湘上滔滔好水田,劫余不值一文钱。何人买我山翁画,百尺藤花锁午烟(又画山水,更末句:'叠叠溪山生白烟。')"[91]此时,齐白石最关心的依旧是绘画市场,归根结底就是物质所得。齐白石几乎将卖画的市场好坏等同于生活状况,前者直接影响了他对绘画的想象和身份寄托。

也就是说,齐白石对自身形象的塑造和主体确认取决于他化解经济问题的方式。定居北京之后,绘画市场的低迷成为困扰其生活和艺术创作的主要问题。如1920年,"我那时的画,学的是八大山人冷逸的一路,不为北京人所爱,除了陈师曾以外,懂得我画的人,简直是绝无仅有。我的润格,一个扇面,定价银币两元,比同时一般画家的价码,便宜一半,尚且很少人来问津,生涯落寞得很"。[92]这个问题一直持续到1922年,这一年陈师曾带着受邀的齐白石的作品参加了在日本东京举行的第二届中日绘画联展,他说:"我在北京,卖画生涯,本不甚好,有此机会,当然乐于遵从,就画了几幅山水,交他带去。"[93]

也就是说,齐白石在试图通过卖画解决自身经济问题的过程中,首先意识到了绘画风格与地域和市场行情之间的密切关系。对于自己的绘画风格来源、风格和现状他是非常清楚的。就当时的情况来说,齐白石的绘画风格并不为北京人喜欢,这里的"北京人",不仅包括画的买家,还包括行业内人士,所以导致其作品市场行情低迷。但是,在"艺术、市场、群体"三者中,齐白石并没有直接致力于市场,而是首先从人事角度切入,寻找一个风格共同体,并融入其中。所以,陈师曾对齐白石的绘画和篆刻表示认可时,或许是出于偶然,但对此时的齐白石来说却是及时雨。可以说,他在精神上找到了一个依托。基于此,他接受陈师曾的变法建议,对自己的现有风格进行自我革新改造,这与其说是为艺术而艺术,倒不如说是为人生而艺术。也即,齐白石通过改变自有艺术的风格达到重塑他在北京的个人形象,以此与陈师曾等人形成某种"共同体"。至于获得日本市场的青睐,并不在齐白石主体身份建构的预想中;但无疑,海外市场的成功加强了他的身份认同。因为在齐白石的远游、北上定居、变法及赴海外参展的"前提"始终没变,那就是试图扭转卖画困境。在齐白石艺术生涯早期,因为被拒绝在自己的画上题字,齐白石作出了让步,只要对方给了稿费即可。这样的事例在齐白石一生中有很多。可以看出,齐白石在物质要求面前,可以舍弃一些东西,这同时也是一种坚守。1920年,齐白石对外宣告:"卖画不论交情,君子有耻,请照润格出钱。庚申秋七月直白。"[94]这里,不同于早年以沉默的态度接受外界的要求,此时的齐白石开始由"暗"到"明",由妥协转向了否决,不惜以"交情"为代价,在否定中确认自己的立场。我们还注意到,除了内容言简意赅,直入主题外,在这件手书中,齐白石特意对"不论交情"和"润格出钱"8个字加了着重号,言外之意很明显,"亲兄弟明算账"。这种宣言式的言论,尤其是否定式的宣言,在齐白石晚年尤其常见。

相对于绘画、篆刻或诗文的学术性讨论,有关人事的东西有时却简单而直接。这一现象在齐白石的交游中比较常见,而且齐白石显然更擅长于后者。他把很多人事而非关于绘画本体的东西流于笔端,避开了学术上派系之争、观点辩护等,交游既非他所擅长,也不是他能左右的。郎绍君先生认为齐白石是时代大潮之外的人,但齐白石却始终处于时代复杂的人事大潮之内。润例宣言是齐白石对传统文人所遵守的"润格"惯例很好的一次运用,即他通过"润格"这种大家认可的"买卖公式",巧妙地将人情世故转换为"钱"。正因为润例的合法性的存在,所以"出钱"乃天经地义。这无疑是一种冒险行为,处理不当,则可能钱名两空。从另一个方面来看,人事本身就具有广泛的复杂性。尤其对于身处20世纪二三十年代的人来说,政坛风云变化,你方唱罢我登场。政治如此,校园、学术无不受此影响。"大潮之外"的齐白石,由本性出发,通过自身"直白"的作风,化解了人事的复杂性和隐秘性。将齐白石的直率与其绘画作品等而观之,不是学术的问题,而是人事的问题。齐白石早年(定居北京之前)广受友人称赞的艺术作品难道不存在需要"改造"的地方？难道这些友人都对此一无所知？或许情况并非如此。此时，齐白石与他们的人事关系方面的透明度和接受度要远远大于艺术上的学术性和专业性。当齐白石到达北京之后，他所面临和亟待解决的问题固然是卖画问题，但卖画市场的好坏，一方面取决于整体经济市场表现，另一方面还受制于以友人为主要赞助人的资助。齐白石的早期赞助人以郭葆生、夏午诒等"后湘军时代"群体为主。在20世纪20年代，他们跟齐白石之间的赞助活动依旧存在，如夏午诒在曹锟处任事期间，经常邀请齐白石前往作画刻印。然而，随着时代的变化，个人境遇与人世变迁，齐白石以往的赞助人群体结构发生了极大改变。齐白石把卖画生涯惨淡挂在嘴边，一定程度上就是源于其原有赞助人生态环境的变化，引发了其经济危机。

所以，齐白石到北京之后，一方面要维持既有的卖画渠道，另一方面还要拓展和建构新的赞助人群体。正如上文的分析，齐白石早期以师门、友人、同乡为主的赞助人群体在后来遭遇了破坏，他必须正视和改变这种状况。所以，齐白石与陈师曾相识之后，并未因为可能存在的矛盾就放弃彼此友谊。对齐白石来说，从"同乡"身份、与王闿运师门关系等方面看，陈师曾理应归属于其早期交游团体，这种可期的身份想象促使齐白石妥善处理与陈师曾之间的关系。然而，虽然在同乡身份上，陈师曾尚且可以满足齐白石的期许，但陈师曾和他之间却又存在极大的不同。其中之一就是上文谈到的，艺术家身份职业化的趋势越来越明显。即便樊樊山这样的人，在晚年生活遇到困难的时候，也不得不向别人"乞讨"一份稳定的工作以便维持生计。[95]可见，齐白石此时面临的是新的时代下的生活方式、市场结构和人际关系。齐白石维系与陈师曾的友谊，一定程度上来说，是齐白石延续原先同乡、同门交游模式的尝试。若想实现这一理想，齐白石则不得不再次作出"妥协"。这里的妥协，不是人格上的让步，而是绘画风格上的转变。这里饱含了"个人（人事）—风格（艺术）—群体（职业）—北京（地域）—市场（卖画）"之间的关系。也就是说，齐白石将艺术风格看作进入北京画家群里的"敲门砖"。

在他看来,"冷逸如雪个,游燕不值钱"[96],"八大山人冷逸的一路,不为北京人所爱"[97],这种情况下,势必要进行"变法",目的是让别人喜欢、卖个好价钱。并且,齐白石是笃定为之的:"余昨在黄镜人处获观黄瘿瓢画册,始知余画犹过于形似,无超凡之趣。决定从今大变,人欲骂之,余勿听也;人欲誉之,余勿喜也。"[98]又:"余作画数十年,未称己意,从此决定大变,不欲人知。即饿死京华,公等勿怜,乃余或可自问快心时也(为方叔章作画记)。"[99]表面上看,"变"或"不变"只是个人的事,但齐白石却不断将之诉诸第三者——陈师曾等人,由私转公,理所当然地认为后者的认同等同于公论,希望至少能得到以陈师曾为代表的北京画家群体的认可。

由上可知,齐白石对自我身份的建构和认知,首先来自其现实生活的物质危机意识。并不是说,物质达到一定程度之后,这种意识就必然会变弱。不同之处在于,齐白石的这种物质危机意识来自家庭及家族历史,所谓"一画京师人不买,先人三代是农夫"。[100]一旦现实危机真实出现,这种意识就会被连接到过去。所以,即便齐白石的经济危机一时得到解除,他的这种意识也没有消除,它随时会被激活。在这种生活状态下,齐白石不得不时刻保持警惕,不管是职业的选择、远游还是"变法",无不与现实生计密切相关。他将诗文融入绘画中,也就意味着他在一定程度上放弃了诗人身份而转入对画家身份的认同。

中国美术馆创作与研究丛书
晚清民国时期齐白石交游研究

注释：

1　北京画院编、齐白石口述、张次溪笔录，《白石老人自述》，广西美术出版社，2014年10月版，第75页。

2　《白石老人自述》，第75页。

3　《白石老人自述》，第75页。

4　北京画院编，《人生若寄——北京画院藏齐白石手稿·日记(上)》，广西美术出版社，2013年12月版，第72页。

5　《人生若寄——北京画院藏齐白石手稿·日记(上)》，第51页。

6　齐良迟主编，《齐白石文集》，商务印书馆，2005年3月版。

7　"齐白石文钞"，《齐白石全集》第十卷，湖南美术出版社，1996年10月版，第85页。

8　《人生若寄——北京画院藏齐白石手稿·日记(上)》，第128页。

9　《白石老人自述》，第83页。

10　郎绍君，《齐白石研究》，人民美术出版社，2014年7月版，第12-13页。

11　《白石老人自述》，第96页。

12　王闿运，《湘绮楼日记》卷四，岳麓书社，1997年1月版，第2635页。

13　《白石老人自述》，第83页。

14　《白石老人自述》，第96页。

15　《白石老人自述》，第96页。

16　《白石老人自述》，第96-97页。

17　《白石老人自述》，第98页。

18　齐白石在自述中曾说道，1899年，他曾经给湘潭县城的谭延闿三兄弟刻了十多方印章，后者因听信了丁拔贡的话，把齐白石的印文都磨掉了。十年后，谭氏兄弟又请齐白石将之前刻的印文补了回去。回忆此事，看得出齐白石有几分自信和得意。从侧面也反映出他在刻印方面的提高。

19　中国人民政治协商会议湖南省湘潭市委员会文史资料研究委员会编，《湘潭文史资料》(第三辑)，内部发行，第58页。

20　黎锦明，中国著名的文学家、教育家是黎松安的六子。黎松安长子黎锦熙、次子黎锦晖、三子黎金曜、四子黎锦纾、五子黎锦炯、六子黎锦明、七子黎锦光、八子黎锦扬，人称"湘潭黎氏八骏"。在此之前，齐白石就与黎松安家建立了联系，与其子亦非常熟悉。

21　《湘潭文史资料》(第三辑)，第67页。

22　《湘潭文史资料》(第三辑)，第67页。

23 《白石老人自述》，第83页。

24 《湘潭文史资料》（第三辑），第67页。

25 《湘潭文史资料》（第三辑），第67页。

26 《湘潭文史资料》（第三辑），第67页。

27 《白石老人自述》，第83页。

28 《白石老人自述》，第83页。

29 《湘潭文史资料》（第三辑），第67页。

30 关于林风眠、徐悲鸿邀请齐白石任教的事情，可参见华天雪的文章《江南倾胆独徐君——再议齐白石、徐悲鸿之交》，载于北京画院编，《齐白石师友六记》，广西师范大学出版社，2020年11月版。

31 《白石老人自述》，第107页。

32 邓锋认为齐白石北上的主要原因是受到樊樊山来信邀请，一为避乱，二为卖画自给（见《"显隐"与"进退"——齐、陈相交背后的地缘文化背景与艺术相互影响的关系》，载于《齐白石研究》（第五辑），广西美术出版社，2017年9月版，第10页）。张涛认为，"1917年春，齐白石为家乡的匪患苦恼不已，恰在此时接到旧交樊樊山来信，劝他到京避居"（张涛著，《草头露与陌上花——齐白石北漂三部曲》，广西美术出版社，2018年7月版，第35页）。张的观点基本与齐白石自述一致。

33 《白石老人自述》，第116页。

34 《白石老人自述》，第107页。

35 《白石老人自述》，第110页。

36 1910年，齐白石为谭延闿兄弟刻一方"茶陵谭氏赐书楼世藏鼎彝金石文字印"，并在边款中称他们为"知己"："……庚戌冬，余承汪无咎来长沙，谭子皆能刻印，无想入赵叔之室矣，复喜余篆刻。为刻此石，以酬知己。王湘绮近用印，亦余旧刊。余旧句云：姓名人识鬓成丝。今日更伤老眼昏眊，不复能工刻已。弟璜并记。"其他如胡沁园、樊樊山、王瓒绪等都曾被齐白石称为"知己"。1923年，郭葆生去世，齐白石在《壬戌纪事》中写道："朋友之恩，声名之始，余平生以郭五为最。"（北京画院编，《人生若寄——北京画院藏齐白石手稿·日记（下）》，广西美术出版社，2013年12月版，第357页）

37 齐白石著，《齐白石诗画文篆刻集·白石诗抄》，河洛图书出版社，1975年9月版，第13页。

38 《白石老人自述》，第108页。

39 《齐白石诗画文篆刻集·白石诗抄·附录》中原文为"生"字，疑有误，应为"其"字。

40 《齐白石诗画文篆刻集·白石诗抄·附录》，第2页。

41 华天雪认为，此新友最可能是姚华。参见华天雪《江南倾胆独徐君——再议齐白石、徐悲鸿之交》，载于《齐白石师友六记》，第275-279页。

42 《白石老人自述》，第110-113页。

43 这件事发生在1899年，事后齐白石认为"究竟谁对谁不对，懂得此道的人自有公论，我又何必跟他计较，也就付之一笑而已"。

44 《白石老人自述》，第113页。

45 《人生若寄——北京画院藏齐白石手稿·日记（下）》，第332-333页。

46 见于北京翰海拍卖有限公司2002年春季拍卖会。

47 《人生若寄——北京画院藏齐白石手稿·诗稿（上）》，第138页。

48 云："壬寅冬，樊樊山先生增祥与余相见于长安。癸卯春，余将转京师，樊君约以后至，劝余切勿先归（樊山为题借山图诗：繁春切莫归飞急）。于期后樊君始至，则余已返湘矣。今年丁巳夏，余重到京师，适有战事。昔人皆非，独樊君闭门听雨，观今感昔，见之于言笑间。秋，余将欲归，属余为画此图。画成，余亦有所感焉，因题短歌。"诗曰："十五年前喜远游，关中款段过芦沟（桥名）。京华文酒相追逐，布衣尊贵参诸侯。陶然亭上饯春早，晚钟初动夕阳收。挥毫无计留春住，落霞横抹胭脂愁（癸卯三月三十日，夏午诒、杨皙子、陈完夫于陶然亭饯春，求余画图）。琉璃厂肆投吾好，铁道飞轮喜重到。旧时相识寂无闻，只有樊嘉酒自劳。酒酣袖手起徘徊，听雨关门半截牌。尘世最难逢此老，读我诗词笑口开。笑翻陈案聊复尔，鼓手歌喉入旧史。佳话

千秋真戏场，伶人声重并天子（京师谚云：戏子，天子。前朝慈禧喜听小叫天演戏，孝钦必登场打鼓。孝钦训政，叫天与瑶卿皆赐六品绯，供奉内廷，深邀睿赏）。今无不独听戏人，瑶卿沦落叫天死。近来争战遍人寰，刀枪不毁旧河山。满地黄沙城郭在（五月二十日京师城内有战事），四围红叶雨风还。颐和园里昔人去，凌烟阁上功臣闲。芙蓉集裳真堪着，秋菊落英殊可餐。我闻寒蛩愁唧唧，复触此言长太息。我本天涯坎懔身，离乱重逢合沾臆。燕城旧约一相违，销尽轮蹄汗总挥。春草伤情南浦别，好山看厌桂林归。臾岭有梅车屡倦，虎邱无月马非肥（乙酉八月十五夜，携贞儿同游虎丘，是夜无月，借人瘦马，几惊危险）。细雨横风宾客老，轻裘缓带故人非。何苦身世如寒蛩，号向人前听者稀。老樊幸得闭门居，春风不得入罗帷。偶查日记翻诗卷（公有'将诗为日记'之句），欲避时贤隐画妃（注：画妃，亭名，余为刊'画妃亭印'四字）。五车书存孙读，二项田芜任鹤饥。我欲借公门下住，秋雨打门红叶飞。"见齐白石著，《齐白石诗画文篆刻集·白石诗抄》，第7-9页。

49 《白石老人自述》，第107页。

50 为镇压西南"护法军"，1918年1月30日张敬尧被北京政府任命为援岳前敌总司令，后被任命为湖南督军兼省长，1920年6月被逐出湖南。

51 《白石老人自述》，第107页。

52 《白石老人自述》，第77页。

53　樊樊山比齐白石长18岁。

54　1907年2月，"升允弹劾樊增祥案"最终了结："解任陕西布政使樊增祥，着即行革职。"见程翔章、程祖灏著，《樊樊山年谱》，华中师范大学出版社，2017年5月版，第226页。

55　王闿运请端方从中调停，一方面其与端方为好友，更重要的是端方曾是樊樊山上司，历任陕西按察使、布政使，并代理过陕西巡抚。

56　《湘绮楼日记》卷五，第2806页。

57　《樊樊山年谱》，第240页。

58　《樊樊山年谱》，第285页。

59　《樊樊山年谱》，第321页。

60　《樊樊山年谱》，第324页。

61　当时称帝一事全国反对声甚嚣尘上，且王闿运对袁世凯称帝一事持反对态度，担心受此牵连，于1904年年底离京辞任。

62　樊樊山为湖北恩施市人，黎元洪为湖北黄陂人。

63　自从1916年从民国任上退下，樊樊山一直闲居北京。见刘禺生、钱实甫点校，《清代史料笔记丛刊：世载堂杂忆》，中华书局，1960年12月版，第148页。

64　黎锦熙、胡适、邓广铭编，《齐白石年谱》，书林书局，1949年3月版，第32页。

65　此处诗的序号为笔者标，下同。

66　《人生若寄——北京画院藏齐白石手稿·诗稿（上）》，第144页。

67　《人生若寄——北京画院藏齐白石手稿·诗稿（上）》，第144-145页。

68　《人生若寄——北京画院藏齐白石手稿·诗稿（上）》，第143页。

69　《人生若寄——北京画院藏齐白石手稿·诗稿（上）》，第145页。

70　《人生若寄——北京画院藏齐白石手稿·诗稿（上）》，第142页。

71　《人生若寄——北京画院藏齐白石手稿·诗稿（上）》，第144页。

72　这里所统计的齐白石画作来源于已出版的齐白石画册、齐白石本人日记、手札、自述等第一手文献，其次是流落于部分公、私机构收藏的作品，这些作品普遍为齐白石真迹。还有部分海外及拍卖市场上出现过的齐白石作品。因此，下文所涉及的"具体"数量仅代表所阅览到的作品，真实数量肯定多于此。但此处的"量化"并非重于数据本身，而是把它作为概数，以此来呈现齐白石在一段时间内绘画创作的状态。如齐白石《壬戌纪事》载："廿五日，上湘潭，居胡西堂先生家。因在省居石安一月，与人作画刊石约二百余件，自所作者二十余件也。

以为过苦,劳不可避,故移于西堂耳。"(《人生若寄——北京画院藏齐白石手稿·日记(下)》,第318页)那么,这里的二百件中画和印数量比多少,我们不得而知,所以此数量暂不参与文中数量比较。

73 鉴于绘画作品创作的具体月份的不确定性,为便于统计且直观呈现,这里的时间以整年为单位。

74 这里的"五个月"以齐白石参加1922年5月由陈师曾组织的第二届中日联合绘画展览会为界限。虽然展览的实际效果并不能立即在齐白石的绘画数量上得到显现,但与其他节点相比,"5月"的特殊性就有保留的必要。

75 《齐白石诗画文篆刻集·附录》,第3页。

76 《齐白石诗画文篆刻集·附录》,第3页。

77 《齐白石诗画文篆刻集·附录》,第4页。

78 《齐白石诗画文篆刻集·附录》,第4页。

79 《人生若寄——北京画院藏齐白石手稿·诗稿(上)》,第181页。

80 杜鹏飞著,《艺苑重光:姚茫父编年事辑》,故宫出版社,2016年9月版,第198页。

81 《人生若寄——北京画院藏齐白石手稿·诗稿(上)》,第182页。

82 邓锋,《"东西画界":通变与自觉——陈师曾画学思想及艺术实践再研究》,中央美术

学院博士学位论文,第181页。

83 《艺苑重光:姚茫父编年事辑》,第198-199页。

84 其实,齐白石当天的日记手稿中,原本在"廿十"之后写了"法源寺"三个字,不知何故,后又画上圈以示删除。

85 从现有资料看,除了这次丁香会有可能会面,其他没有资料显示他们之间在1919年有来往。

86 《白石老人自述》,第120页。

87 齐白石于1917年创作的一幅山水画题款:"余重来京师作画甚多,初不作山水,为友人始画四小屏。裴公见之,未以为笑,且委之画此。画法从冷逸中觅天趣,似属索然,即此时居于此地之画家陈师曾外,不识其中之三昧,非余狂妄也。濒生记。"参见齐白石书,郎绍君、郭天民主编,李松涛卷主编,《齐白石全集》第二卷,湖南美术出版社,1996年版。

88 陈师曾在1918年4月间给齐白石回复了一封信,此信札现藏于北京画院。

89 《齐白石师友六记》,第117页。

90 《人生若寄——北京画院藏齐白石手稿·日记(下)》,第247页。

91 《人生若寄——北京画院藏齐白石手稿·日记(下)》,第307页。

92 《白石老人自述》，第120页。

93 《白石老人自述》，第131页。

94 齐白石行书，辽宁省博物馆藏。曾在2017年12月北京画院举办的"我生无田食破砚——齐白石笔下的书法意蕴之二"专题展中展出。

95 1917年6月，为了维持家庭生计，樊樊山以同乡的身份写信给时为大总统的黎元洪，不过黎元洪置之不理。参见刘成禺《樊樊山之晚年》，载于刘成禺著，《世载堂杂忆》，中华书局，1960年12月版，第148页。

96 齐白石曾作斗方行书，曰："冷逸如雪个，游燕不值钱。此翁无肝胆，轻弃一千年。"款题："予五十岁后之画冷逸如雪个。避乡乱，窜于京师，识者寡。友人师曾劝其改造，信之，即一弃。今见此册，殊堪自悔，年已八十五矣。乙酉，白石。"见《齐白石全集》第九卷，湖南美术出版社，1996年版。

97 《白石老人自述》，第120页。

98 《人生若寄——北京画院藏齐白石手稿·日记》(上)，第198页。

99 《人生若寄——北京画院藏齐白石手稿·日记(下)》，第197页。

100 《人生若寄——北京画院藏齐白石手稿·日记(下)》，第247页。

结语

　　一生历经了晚清、民国以及新中国成立初期的齐白石，如同一部由不同体裁汇编而成的巨著文本。这个文本包含了三种时态：一是"一般过去时"，二是"现在进行时"，三是"未来进行时"（杭春晓）。

　　所谓"一般过去时"，是指一个人自出生以来，在现实生活、学习、交游等各种情境的影响下不断形成的价值观，它具有民族性、文化性和时代性。就齐白石而言，他不仅继承了祖辈三代的"农夫"身份，还有与此相对应的中国传统农耕思维。并且随着年龄增长和阅历丰富，齐白石主体在与外界不断"对流"中，主动肩负了自己作为长子维系家庭生活的责任，在绘画和诗文学习的道路上，齐白石非常明智地选择了当地声名远扬的绅士作为老师；对齐白石来说，他接受的很多观念、思想或许是新奇的，但对胡沁园、王闿运等人来说，那些观念、思想却是继承自他者的"文化遗产"。也正是这一部分"过去式的文化记忆"，促使齐白石不断在现实与理想中徘徊。如既要面对严峻的生计问题，又在他者的"指引"下，向往文人身份。这种"一般过去时"，并不会因为未来的到来而离去或消失，而是始终伴随主体一生，与"现在进行时"的齐白石并行。

　　所谓"现在进行时"，即齐白石"真实"的社会生活。本书所选择的研究视角为"交游"，我们理所当然地把它看作齐白石"真实"的一部分，它由齐白石个人的日记、诗稿、信札、作品（绘画、篆刻、书法）、"自述"等构成。这些第一视角的文献资料的真实性，并非完全地、透明地、毫无保留地向世人开放和展示，因语言、文字和主体情绪和记忆的特性，它们形如"褶皱"，具有不同的立面和朝向，在封闭与开放、平面与凹凸之间，往往隐藏着不为人知的"真实"。本书在借用这些材料的过程中，尤其关注齐白石的情绪、心理活动的细节，透过它们去洞察齐白石与外界之间微妙的互动。如1919年齐白石到北京的当月，其好友陈师曾等人就去法源寺饯春，同时同地，齐白石与樊樊山等人也举办了"丁香会"。但是，1919年的陈师曾，包括这次盛大的集会，在齐白石日记和自述中都是缺席的。陈、齐二人当时有什么矛盾以致被后者选择性地忽略，我们不得而知。但从此可以看出，齐白石并不希望两人之间的任何间隙为人所知，这是不是担心曝光之后，引发外人对他们两人关系的猜疑，有损他所树立的彼此"知己"的美好形象呢？就本书分析来看，1919年，确实是考验陈、齐二人友谊的重要一年。诸如此类的"发现"，在近年来的相关研究中多有展示，这是否意味着我们将会看到一个"真实的褶皱"呢？

尝试展开"褶皱"的努力构成了"未来进行时"的主要内容。20世纪初期以来，随着齐白石的艺术成就、民族气节等得到社会的广泛认可，通过宣传推广使更多人认识齐白石成为"他者"无法规避的"使命"。包括本书在内，也是从"未来者"的角度对齐白石这部"书"进行再编辑；尽管所用文献力求原初、真实，论证力求谨慎、严密，但依然逃不过"编辑者"的主观修饰。基于对"过去时""现在时"齐白石的"全面"认识，并结合现实个体处理类似情境的一贯经验和做法，本书首先尽可能从接近齐白石"第一视角""第一立场"的位置，去理解作为一位长子、丈夫、父亲的齐白石应该是什么样的形象。另外，在现实生活延续的过程中，他如何处理画匠、画师、诗人，以及交游与主体生存的关系。也就是说，本书确定了齐白石身上或内心，始终存在一个"原初"的齐白石形象，它始终存在于"褶皱"的最深处。当我们自认为展示出了一个真实的、全面的、客观的齐白石的时候，当我们低头凝视的时候会发现，那个曾经的"折痕"并未消失，而是被"话语"中的"齐白石"遮蔽。

　　齐白石主体的"原初"形象是否可以等同于"真的"的齐白石呢？不然。"原初"的齐白石，与其说是"他者"构建的齐白石，不如说是齐白石内心隐藏的"齐白石"。它并不会在他童年阶段显现，也没有在做木匠期间被激活，恰是在其拜胡沁园"弃斧斤而执画笔"的时候出现。也就是说，当他放弃"物质性木匠"的同时，却捡起了"精神性的木匠"。既然齐白石无法回到原初状态，也就预示着他无法丢弃"精神性"的山民或木匠身份，后者成为真实齐白石的一个侧面。在齐白石的交游中，这个"侧面"始终以自是者自居，对抗其他齐白石主体身份的"侵入"。这种"原初"的真实，在新中国成立后的话语权力中得到了确认。

参考文献

1　中国美术家协会.齐白石遗作展览会纪念册[Z].北京:人民美术出版社,1957.

2　力群.齐白石研究[M].上海:人民美术出版社,1959.

3　齐白石.齐白石自述[M].北京:文化艺术出版社,2015.

4　北京画院.人生若寄:北京画院藏齐白石手稿[M].南宁:广西美术出版社,2013.

5　北京画院.自家造稿:北京画院藏齐白石画稿[M].南宁:广西美术出版社,2014.

6　北京画院.齐白石研究[M].南宁:广西美术出版社,2017.

7　王明明.北京画院藏齐白石全集[Z].北京:文化艺术出版社,2010.

8　王明明.二十世纪人物画品读[M].南宁:广西美术出版社,2014.

9　王明明.齐白石国际研讨会论文集(上下)[C].北京:文化艺术出版社,2010.

10　郎绍君.齐白石全集[M].长沙:湖南美术出版社,1996.

11　郎绍君.齐白石研究[M].北京:人民美术出版社,2014.

12　郎绍君.齐白石的世界[M].北京:北京时代华文书局有限公司,2016.

13　郎绍君.守护与拓进[M].杭州:中国美术学院出版社,2001.

14　郎绍君,水天中.二十世纪中国美术文选(上下)[M].上海:上海书画出版社,1999.

15 郎绍君.二十世纪中国画家丛书[M].天津:天津杨柳青出版社,1995.

16 郎绍君,等.吴昌硕、齐白石、黄宾虹、潘天寿四大家研究[C].杭州:浙江美术学院出版社,1992.

17 王振德,李天麻.齐白石谈艺录[M].郑州:河南美术出版社,1998.

18 胡适.齐白石年谱[M].2版.合肥:安徽教育出版社,2006.

19 齐良迟.齐白石艺术研究[C].北京:商务印书馆,1999.

20 刘振涛.齐白石大全[C].长沙:湖南师范大学出版社,1994.

21 李祥林.齐白石画语录图释[M].杭州:西泠印社出版社,1999.

22 胡佩衡,胡橐.齐白石画法与欣赏[M].北京:人民美术出版社,1992.

23 张次溪.齐白石的一生[M].北京:人民美术出版社,1989.

24 敖普安,李季琨.齐白石辞典[M].北京:中华书局,2004.

25 齐良迟.齐白石文集[M].北京:商务印书馆,2005.

26 杭春晓.渐进式文化改良　以民初北京地区传统派画家为中心的考察[M].合肥:安徽美术出版社,2013.

27 尚辉,赵国荣.齐白石研究第一辑[C].湘潭:湘潭大学出版社,2007.

28 萨本介.最后的辉煌:走进齐白石晚年的艺术世界[M].北京:荣宝斋出版社,2003.

29 徐善.傅抱石谈艺录[M].郑州:河南美术出版社,1998.

30 汪星燚.齐白石篆刻及其刀法[M].杭州:西泠印社出版社,1999.

31 林浩基.齐白石传[M].北京:团结出版社,2018.

32 北京画院.齐白石师友六记[M].桂林:广西师范大学出版社,2020.

33 华天雪.徐悲鸿的中国画改良[M].上海:上海书画出版社,2007.

34 华天雪.徐悲鸿论稿[M].济南:山东画报出版社,2014.

35 海兹拉尔.齐白石[M].农熙,译.南宁:广西美术出版社,2017.

36 王红林.齐白石墨宝[M].长沙:湖南文化丛书出版社,2004.

37 吕立新.齐白石:从木匠到巨匠[M].北京:北京出版社,2010.

38 娄师白.齐白石绘画艺术[M].济南:山东美术出版社,1987.

39 黄宾虹.黄宾虹自述[M].北京:文化艺术出版社,2006.

40 刘子瑞.齐白石绘画作品图录(1-3册)[M].天津:天津人民美术出版社,2006.

41 郭天民.齐白石书法艺术[M].长沙:湖南美术出版社,2013.

42 邢捷.邢捷谈齐白石[M].山东:山东美术出版社,2008.

43 陈传席.白石留韵[M].北京:人民美术出版社,2008.

44 张涛.草头露与陌上花:齐白石北漂三部曲[M].南宁:广西美术出版社,2018.

45 张涛.峨眉春色为谁妍:齐白石与近代四川人文[M].北京:清华大学出版社,2018.

46 王中秀.黄宾虹年谱[M].上海:上海书画出版社,2005.

47 尹吉男,王璜生,曹庆晖."北平艺专与民国美术"学术研讨会论文集[C].北京:人民美术出版社,2016.

48 李伟铭.传统与变革:中国近代美术史事考论[M].北京:商务印书馆,2015.

49 郑工.演进与运动:中国美术的现代化(1875—1976)[M].南宁:广西美术出版社,2002.

50 吕澎.二十世纪中国艺术史[M].北京:北京大学出版社,2007.

51 葛兆光.中国思想史[M].上海:复旦大学出版社,2008.

52 冯友兰.中国现代哲学史[M].广州:广东人民出版社,1999.

53 方维规.思想与方法:近代中国的文化政治与知识建构[C].北京:北京大学出版社,2015.

54 罗志田.裂变中的传承:20世纪前期的中国文化与学术[M].北京:中华书局,2009.

55 罗志田.道出于二:过渡时代的新旧之争 [M].北京:北京师范大学出版社,2014.

56 王尔敏.晚清政治思想史论[M].南宁:广西师范大学出版社,2005.

57 王尔敏.中国近代思想史论[M].北京:社会科学文献出版社,2003.

58 桑兵.交流与对抗:近代中日关系史论[M].南宁:广西师范大学出版社,2015.

59 桑兵.清末新知识界的社团与活动[M].北京:北京师范大学出版社,2014.

60 桑兵.历史的本色:晚清民国的政治、社会与文化[M].广西师范大学出版社,2016.

61 丁守和.中国近代启蒙思潮(上、中、下)[C].北京:社会科学文献出版社,1999.

62 陈平原."新文化"的崛起与流播[M].北京:北京大学出版社,2015.

63 卓以玉.中国美学与齐白石[M].香港:三联书店香港分店出版,1986.

64 王大山.齐白石画海外藏珍[M].香港:香港荣宝斋出版,1994.

65 常宗豪.白石墨韵·齐白石书画篆刻集[M].

澳门:澳门大学,澳门中华文化艺术协会出版,1998.

66 齐白石.齐白石诗画文篆刻集[M].台北:河洛图书出版社出版,1975.

67 王方宇,许芥昱.看齐白石[M].台北:艺术图书公司,1979.

68 马璧.齐白石父子轶事·书画[M].台北:新文丰出版公司,1979.

69 何恭上.齐白石彩色精选[M].台北:艺术图书公司,1991.

70 陈志声,陈明德.齐白石学术研讨会论文集[C].台北:台中县立港区艺术中心,明道大学,1998.

71 杉村勇造.画人·齐白石[M].东京:求龙堂出版,1967.

72 中央公论社.文人画粹编:第十卷　吴昌硕　齐白石[M].东京:中央公论社出版,1977.

73 神莫山.齐白石画集[M].日本:龙华堂,1990.

74 齐白石.天成之作:齐白石老人的绘画艺术[M].东京:中国出版东贩有限公司,2011.

图书在版编目（CIP）数据

晚清民国时期齐白石交游研究 / 高旭阳著 . — 北京:知识产权出版社, 2024.5
（中国美术馆创作与研究丛书）
ISBN 978-7-5130-9124-4

Ⅰ.①晚… Ⅱ.①高… Ⅲ.①齐白石（1863–1957）– 人物研究 Ⅳ.①K825.72

中国国家版本馆 CIP 数据核字(2023)第 252358 号

责任编辑：阴海燕
责任印制：刘译文
装帧设计：王学军

中国美术馆创作与研究丛书
主编　吴为山

晚清民国时期齐白石交游研究
WANQING-MINGUO SHIQI QI-BAISHI JIAOYOU YANJIU
高旭阳　著

出版发行：知识产权出版社 有限责任公司		网　　址：http：// www. ipph. cn		
电　　话：010－82004826		http：// www. laichushu. com		
社　　址：北京市海淀区气象路50号院		邮　　编：100081		
责编电话：010－82000860转8693		责编邮箱：laichushu@cnipr.com		
发行电话：010－82000860转8101		发行传真：010－82000893		
印　　刷：天津嘉恒印务有限公司		经　　销：新华书店、各大网上书店及相关专业书店		
开　　本：720mm×1000mm　1/16		印　　张：11.75		
版　　次：2024年5月第1版		印　　次：2024年5月第1次印刷		
字　　数：168千字		定　　价：68.00元		
ISBN 978-7-5130-9124-4				

出版权专有　侵权必究
如有印装质量问题，本社负责调换。